大学生
教育管理中的
心理效应

Psychological Effects
in Higher Educational
Management

欧旭理　罗方禄 ------------ 编著

中南大学出版社
www.csupress.com.cn
·长沙·

目 录

角色效应

——每个人都有不同的角色

　　魏莱是电影《少年的你》中的一个角色，一个给人印象深刻、反差极大的反面角色。在影片刚开始的时候，魏莱出场，一头披肩黑发，笑容清纯可爱，一脸天真地问陈念："今天放学一起做作业吧，我有好多问题想向你请教呢！"谁能想到这样温馨的画面后面是魏莱带领同学一起欺负陈念？而且另一位同学胡小蝶的自杀也是魏莱的校园霸凌的行为所导致的。

　　魏莱的外表具有欺骗性，清澈透明的眼睛，以及好学生的形象，无法让人将其和校园暴力者联系到一块。她在生活中扮演着不同的角色，也在不停地进行角色转换。她家境优越、成绩优秀，拥有魔鬼般的身材、天使般的脸蛋，是老师眼里的优秀学生；她内心冷酷、手段残忍，组成小团伙经常在校园里欺负同学，是同学心里的校园恶霸；与此同时，她在家里又是另外一副模样，从电影里寥寥几个镜头可以看得出来她对父亲的恐惧。当警察郑易叫魏莱等三人到警局谈话时，其他两人都表现得很慌，只有魏莱一个人安静地坐在座位上微笑地回答郑易的问题，从容淡定得让人害怕，没有一丝后悔的意思。后来郑易要给魏莱父母打电话的时候，魏莱的脸色变了，害怕和恐惧立马流露出来。后面的情节中，她说因为高考失利，她父亲已经一年没有和她说过话了，她不能再复读了。魏莱是同学闻之色变的霸凌者，也是家庭冷暴力的受害者。她不仅可恨，也可怜、可悲。角色定位强化角色期待，角色混乱导致认知错位，角色效应在魏莱身上体现得淋漓尽致。

角色效应

角色效应是指在现实生活中，人们以不同的社会角色参加活动，这种因角色不同而引起的心理或行为变化称为角色效应（role effect）。人的角色的形成首先是建立在社会和他人对角色的期待上的，在日常生活中，人们往往会因自己的思想、心理、行为而对他人产生角色期待。

有位心理学家通过观察发现：两个同卵双生的女孩的外貌非常相似，生长在同一个家庭中，从小学到中学直到大学都是在同一个学校、同一个班内读书。但是她俩在性格上却大不一样：姐姐性格开朗，好交际，待人主动热情，处理问题果断，较早地具备了独立工作的能力。而妹妹遇事缺乏主见，在谈话和回答问题时常常依赖于别人，性格内向，不善交际。是什么原因造成姐妹俩在性格上有这样大的差异呢？主要是她们充当的"角色"不一样。在她们生下来后，她们的父母对待她们的态度大不一样。父母要求姐姐必须照顾妹妹，对妹妹的行为负责，同时也要求妹妹听姐姐的话，遇事同姐姐商量。这样，姐姐不但要培养自己独立处理问题的能力，而且还要扮演妹妹的"保护人"的角色；妹妹则充当了被保护者的角色。可见，充当的角色不同对孪生姐妹的性格形成有一定的影响。

其实，并非只是孪生子才有角色效应，正常的人都会受到角色的影响。日本心理学家长岛真夫等研究了班级指导对角色塑造的意义。他们在小学五年级的一个班上进行了实验。这个班有 47 名学生，他们挑选了在班级中地位较低的 8 名学生，任命他们为班级委员，在他们完成工作任务的过程中给予适当的指导。一个学期过后进行测定，发现他们在班级中的地位有显著的变化，第二学期选举班干部时，这 8 名学生中有 6 名又被选为班级委员。另外，也观察到这 6 名新委员在性格方面，诸如自尊心、安定感、活动能力、协调性、责任心等特征都有所变化。从全班的统计来看，原来不积极参加班级活动的孤独、孤僻儿童的比例也大大下降了，整个班级的风气也有所改变。

角色效应有正负两方面的作用。正面作用是正确的角色定位能提高自我追求和约束，他人的角色期待也能产生正向激励；负面作用是错误的角色定位经常使人产生认知偏差，角色混乱严重者可能导致人格分裂。

角色效应在案例中的体现

该案例中，角色效应对魏莱的消极影响主要体现在以下几个方面：

（1）好学生角色让其更加善于伪装。成绩好的学生向来是老师眼里的优秀学生，长相漂亮、眼神清澈让魏莱能更好地伪装，看似良好的家庭教育让魏莱离优秀学生又近了一步。优秀学生是魏莱在老师和家长面前必须扮演的角色，也迫使她必须不断伪装。久而久之，魏莱的演技越来越高，伪装得越来越好，进一步加强了其在老师和家长眼中的好孩子形象，以至于老师对她做的坏事毫无察觉，家长对她做的事情不敢相信。

（2）"大姐大"角色让其更加冷酷和残暴。从小成绩优秀的魏莱高考失利而复读，面临巨大的学习压力。家里父母的一向严格要求和父亲的冷暴力让她承受巨大的心理压力，如从"因为高考失利，父亲已经一年没有和她说过话了"这句话就可以看出魏莱父亲的冷酷。魏莱没有将这些压力通过正常的途径释放，而是转化为对同学的霸凌。欺负同学成为魏莱释放压力、满足自己的重要途径，来自老师和家庭以及学习本身的压力越大，她欺负同学的次数就越多，手段就越狠。而且，为了维护她在同学们面前的"大姐大"角色形象，让同学们更怕她，让团队成员更"服"她，她表现得越来越冷酷、越来越残暴。

（3）家里的乖乖女角色让其内心扭曲。魏莱从小优秀，是父母眼中的乖乖女，然而，父母对她的教育却存在很大的问题：只看成绩，不关注内心，只许她成功，不许她失败，女儿有一次失误，就一年不和她说话；母亲对女儿要求高且护短，即使警察找上门，还在一味包庇。在这样的家庭环境下成长，乖乖女角色越来越强化，而乖乖女角色也让魏莱出现外表温柔却内心残忍、成绩优秀却道德败坏、家里的受害者和校园的霸凌者的矛盾和扭曲，最终导致魏莱走向一片黑暗的未来。

「工作思考和建议」

"人的本质是社会关系的总和"，社会属性是人的本质属性。人一出生就开始承担相应的社会角色，是父母的子女，是祖父母的孙子孙女等，并因为性别的差异被赋予了不同的角色期望。大学生正处于世界观、人生观、价值观的形塑期，思想观念不稳定，容易出现认知偏差而导致角色冲突。那么教育管理工作者如何帮助大学生对自己及他人所扮演的社会角色有正确认知，协调好各方面的关系呢？首先，需要多角度认识和了解学生，不随意给学生贴标签，不被表象蒙蔽双眼。"个个人心有仲尼，自将闻见苦遮迷"，"差生"往往也有优秀的一面，只是缺少发现和激励；"金无足赤，人无完人"，"优生"往往也存在各种各样的缺点，只是往往被隐藏或忽视。"差生"和"优生"的标签又产生马太效应，导致"差生"的被边缘化和自暴自弃、"优生"的被宠坏和自我膨胀。因此，教育管理工作者需要多角度地认识和了解学生，对学生的优点及时发现和鼓励，对学生的缺点及时指出和纠正，做到全面了解和有教无类。其次，需要做好大学生的角色认知教育，如运用团体辅导的形式，引导大学生梳理好自己所承担的社会角色，以"头脑风暴"等方法，帮助他们正确处理多重角色间的关系。此外，教育管理工作者还要帮助学生建立好与角色匹配的情感。每种角色既是自己的一种身份的体现，又是与他人的一种情感纽带，教育管理工作者要引导教育大学生正确处理好亲情、友情、爱情等各种关系，并帮助他们正确发挥角色效应的正向激励，防止产生负面影响。

摩西奶奶效应

——每位学生都潜力无限

　　王老师是一位新入职的年轻老师，学院安排她担任大二年级 10 个班的辅导员。她上任的第一项工作就是班委换届选举。但是，在班委换届大会上只有少数同学参加竞选，而且绝大部分都是原来的学生干部。同学们主动参与班级建设和社会活动的积极性不高，大部分学生习惯于埋头读书，能力得不到锻炼。这一现象引起了王老师的极大关注。

　　王老师决定创造机会让每位学生都担任学生干部，参与到班级建设中来。王老师认为担任班干部不仅可以发掘学生的潜力，还可以为每位学生提供自身成长和发挥特长的机会，以此培养学生的综合素质能力。同时，还可以让大家亲身体会到学生干部在开展工作中面临的压力，在压力中不断锻炼自我。于是，王老师在保留原班团干部的基础上，让同学们分时间段组建自己的流动班委团队，按照班级总体规划，完成班级的阶段性工作。王老师要求各种活动的开展都需要精心策划和组织，每完成一项任务，都要召开班会进行总结，表扬学生的进步，并指出其中的不足。这种管理可以实现"人人参与班级建设、人人体验干部生活、人人尽显个人特长"的目标。

　　这种常设班委和流动班委相结合的班级管理模式实施一年以来，产生了明显的效果：一方面，同学们通过学生干部的经历，明确了自身在班级中的主人翁地位，增强了班级的凝聚力和向心力；另一方面，每位同学在语言表达、组织协调、人际交往等方面的能力得到了提升。与此同时，同学们的创造性思维得到了培养，个人特长得到了发掘。这一年以来，班级先后有十几名同学制订了自己的创业计划，并得到学校的立项资助。同时，班级平均成绩有所提高，很多同学获得了奖学金。

在整个班级中，变化最大的就是夏同学。他上大学以来，由于一系列因素影响，性格变得内向而自卑，学习成绩下降，与同学关系也不融洽。在其担任流动班委的过程中，王老师特意将他安排为组长，对他的工作进行全程跟踪，适时地给予引导，帮助他发现自己的优点和潜力。在这种激励下，他开始与同学进行深入交流，人际关系逐渐变得融洽，他的宿舍也在他的带动下被学校评为"内务免检寝室"。更值得一提的是，他自主创作的创业计划书获得学校科技论文竞赛一等奖。

摩西奶奶效应

美国艺术家摩西奶奶至暮年才发现自己有惊人的艺术天赋：她75岁开始学画，80岁举行首次个人画展。学者称这种现象为摩西奶奶效应。摩西奶奶效应告诉我们，一个人如果不去挖掘自己的潜在能力，其才能就会自行泯灭。因此，在大学生教育管理的过程中，首先要做的是帮助学生正确地认识自己，引导学生坦然地面对学习生活中出现的各种问题。正像苏联作家格拉宁所说："如果每个人都能知道自己干什么，那么生活会变得多么好！因为每个人的能力都比他自己感觉到的强得多。"教育者应主动发现有发展潜力的学生，并充分发掘他们的潜力，培养他们的创新能力，激发学生群体产生摩西奶奶效应，使学生的潜能得到巨大发挥。

摩西奶奶效应在案例中的体现

摩西奶奶效应在该案例中主要体现为以下两个方面：

（1）积极发挥学生干部作用。王老师认识到学生干部是学校育人力量的重要组成部分。在学生成长教育中尤为重要的是学生的自我教育、自我管理和自我发展，而学生干部的作用是不言而喻的。我们需要肯定学生干部有培养学生综合素质、锻炼学生综合能力的育人功能，所以，教育管理工作者可以通过让每位学生担任干部来锻炼学生的能力，发掘学生的潜在能力。

（2）优化学生干部管理模式。王老师妥善处理了现存的学生干部模式中存在的问题：担任学生干部的只有少数几人，而且换届后大部分依旧是原来的学生干部，导致其他学生的特长得不到发挥，而少数几位学生也由于工作做得多且重复而失去热情。这种班级管理模式不仅不会促使学生产生摩西奶奶效应，而且还会给部分学生带来困扰。

总之，在该案例中，王老师坚信每位学生都是可塑之才，这是促进学生产生摩西奶奶效应的前提条件；创立常设班委和流动班委相结合的班级管理模式，能给每个学生提供担任学生干部的机会，这为帮助学生产生摩西奶奶效应提供了平台；在班级建设过程中，王老师适时地表扬学生所取得的进步，是在发掘学生潜力，是促进学生产生摩西奶奶效应的动力。

工作思考和建议

摩西奶奶效应启示老师需秉承相信学生的原则，树立"人人都有才，人人都可成才"的理念，善于发现学生的优点，发掘学生的潜能，这样才有利于学生的健康发展。同时，老师要像地质勘探队员一样，细心勘探，发现深处的宝藏，把它们开发、挖掘出来。老师的信任，会使学生产生积极学习的内驱力。更进一步说，在教育管理学生的过程中，老师要尊重个性，为学生创造发扬个性特长的机会，鼓励学生敢于表达意见，鼓励学生去探索，培养学生的创新精神。只有这样，才能更好地发掘学生的潜能，激发更多的学生产生摩西奶奶效应，促进自我的成长。

习得性无助效应

——做一个清晰的旁观者

小童是南方某大学的学生，家乡在东北，自上大学以后，她经常考试不及格，生活上也总是出状况。辅导员在调查后，了解到她上大学之前一直是品学兼优的学生。那么，导致她产生如此大变化的原因究竟是什么呢？

辅导员发现小童的异常后，找她了解了一些情况。在谈话中，辅导员了解到她异常的原因——大学没有她想象的那样美好：她的室友大部分是南方人，交流起来比较困难，总让她感觉自己是局外人，无法融入这个陌生的集体。看到别人都成群结队出去吃饭、逛街，她觉得非常孤单和无助。一开始，她认为自己既然有沟通障碍，就少与他人沟通，所以经常一个人去图书馆上自习，一待就是一整天。但学习过程中却老是走神，没有什么学习效果。考数学前她还曾独自通宵自习，但还是没有获得满意的成绩，于是她就丧失了信心，觉得自己一直努力，成绩却还是不及格，为此陷入了人生的虚无之中。最后，这种状态恶化到连最喜欢的英语课她也不认真听讲，甚至直接逃课，对待作业也是马马虎虎，几次失败导致她不爱学习、讨厌学习。

为帮助她走出困境，辅导员经常找小童谈心，把她当成朋友，让小童渐渐意识到自己并不是孤单一人，自己也有朋友；辅导员还经常教导她如何面对挫折，告诉她不要因为一次失败而失去信心。经过本人同意后，辅导员带小童去看了心理医生。经过一段时间的治疗，加上辅导员的悉心开导，小童的情况逐渐好转，期末英语考试成绩还是专业第一名。这次成功让她重拾了信心。她开始认识到，自己并不是一无是处，不再处于那种无所谓的消极状态，对很多事情有了新的认识：同学们相处起来并不难，只是以前相互缺乏了解。在她主动向同学们敞开了心扉之后，同学们也逐渐接受了她。

习得性无助效应

习得性无助是指人或动物在特定的情境中由于其行动结果重复性地失去控制而习得的无反应或麻木状态，即使之后事件完全处于控制下，个体也不努力去控制，觉得希望渺茫而无所作为。它是一种由于后天学习而形成的无能为力的心理体验。这个概念最初是由美国心理学家马丁·塞利格曼和他的同事在研究动物行为时提出的。他们在实验中先是将狗固定在架子上进行电击。在这之后，他们把狗放在一个中间用矮板墙隔开的实验室里，狗只要跳过矮板墙就可以回避电击。结果，之前没有参加过实验的狗都非常快地学会了回避电击，可是，大多数实验狗没有学会回避电击，它们先是乱抓乱叫，后来干脆趴在地板上甘心忍受电击，不进行任何反应。这一实验结果表明，动物在经过努力仍无法避开有害和不愉快的情境时获得的失败体验，会对今后应付特定事件的能力起到干扰和破坏性影响，致使它们消极地接受现状，不做任何尝试与努力。马丁·塞利格曼教授称这一现象为"习得性无助"。心理学家在随后的研究中证明，这种现象在人类中也会发生。而案例中的小童正是由于多次考试不及格而产生了习得性无助的心理。

习得性无助效应在案例中的体现

案例中的小童由于自己持续努力却没有取得理想的成绩而丧失信心，

导致她产生习得性无助心理，主要体现在以下几个方面：

（1）成就动机低。成就动机在行为上表现为一个人对自己认为有价值的社会或生活目标的追求，是一种在较高水平上达到某一卓越的社会目标的需要，它能促使人去追求成功和回避失败。成就动机水平高的个体在活动中能够投入足够的精力，在逆境中具有战胜困难的自信。而小童成就动机水平低，不能给自己确立恰当的目标，学习时漫不经心，效率低下，消极被动，因此，她在遇到困难时往往自暴自弃——在她的心目中，对失败的恐惧远远大于对成功的期望，因而她不再指望自己获得成功。

（2）消极的自我意识。自我概念是一个人对自己的知觉和认识。在与环境和他人的交互作用中，个体发展出了关于他对自己的知觉和认识及各种各样积极和消极评价的自我认识与评判。习得性无助使小童自我意识消极，不能进行恰当的自我认识、真实的自我体验和合理的自我控制，导致她陷入了自卑、自我失控等自我意识误区，从而对学习毫无信心，与人相处自卑多疑，不愿意融入集体。

（3）消极的思维定式。小童由于长时间努力学习但最终还是失败，从而逐渐形成了刻板的思维模式和认知态度。在这一消极的思维定式下，她认定自己永远是一个失败者，无论怎样努力也无济于事，并以消极的方式重复不变地对待学习问题，从而陷入了一个消极循环当中。

（4）情绪失调。习得性无助者从情绪上看，表现为烦躁、冷淡、绝望、颓丧、害怕、退缩、被动，最终陷入抑郁状态。为此，小童变得容易自暴自弃，害怕学业失败，并由此产生焦虑和其他消极情感。

工作思考和建议

在工作中，教育管理工作者要善于引导学生正确地认识和评价自我。自知、自鉴、自评是自勉、自励、自控的基础。古人云："人贵自知。"可见从古至今，想要正确认识自己都不是一件轻而易举的事。尽管每个人会随着知识经验的增加、实践活动的发展不断地认识自己，但真正能彻底正确地认识自己的人并不多。这是因为，一方面，人们的心理状况不能像测量自己的身高那样一目了然；另一方面，人们在认识自己时还缺乏一定的自觉性、客观性和坚持性。因此，"当局者迷"的情况也就容易发生了。大学生身处"象牙塔"中，由于环境变化，他们难免要面临对自己重新评价、重新定位的难题。因此，高校教育管理工作者要学会帮助学生重新认识自己，帮助学生学会自我赋能，让他们明白大学的评价指标不再是单一的学习成绩，而是有多元化的评价体系，应学会取长补短，善于接纳和欣赏自己。同时，教育管理工作者要善于为每个学生量身制订成长计划，激发学生努力为自己赋能的能力，使他们能主动克服学习生活中的各种困难。

鸵鸟效应

——时刻警惕避世的鸵鸟

柳同学在第一次高考时，报考的是某省属重点大学管理学专业，但由于分数没有达到录取分数线，他被调剂到另外一所省内一般高校学习农林相关专业。而这所学校是一所知名度不高的学校，甚至本省人都鲜有听闻，同时，这所学校没有达到他的预期，这两方面的因素导致他很难喜欢上这所学校，更不喜欢所在专业。虽然，一开始他也试图培养专业兴趣，后来也尝试改学专业，但都徒劳无功。自此，他便在学习上选择逃避，并且贪图生活享受，经常外出旅游，但是，这段快乐的日子给他的未来埋下了隐患。

柳同学来自贫困地区，家庭经济条件不好，但他丧失学习兴趣后不甘心自己生活的清贫，处处与同学攀比。但是父亲那微不足道的工资实在支付不起他昂贵的生活费。无奈之下，他只好到处伸手向同学借钱。柳同学还算天资聪颖，虽然心思不在学习上，功课倒也没落下多少，与同学之间的关系也还不错。在同学的"照顾"下，他过着丰衣足食的生活。不过，时间一长，他就负债累累。慢慢地，和他有共同语言的人越来越少了，同学之间的友情也慢慢变淡了。他只好寻找新的"生活方式"。很快，无心学习的他在大一还没有结束时就选择退学了。

回家后，柳同学在家待了一段时间，自感无趣，便跟村里人一起外出打工。他费尽周折，终于在某沿海城市找到了一份工作，但是由于既没有文凭，又没有技术，打工的日子异常艰难。不到一年，柳同学觉得实在干不下去了。经过这段时间的磨砺，他成熟了很多，也懂事了很多。他开始怀念上大学的日子，因此决定参加高考重返校园。

在经过一年的寒窗苦读后，离开大学校园已经两年的他考入了某省属重点大学的行政管理专业学习。按理来说，他应该会牢牢把握住这次机遇，但好景不长，到了大二，他多年前为自己埋下的隐患终于还是暴露出来：为了满足享乐，他又开始四处借钱，当同学们识穿他的谎言之后，纷纷登门讨债，迫于无奈，他再一次选择了逃避。他又开始过着那种居无定所的生活。到最后，老师、同学和父母都不知道他在哪里、在干什么，只知道他已经离开了学校，能找到他的地方只有网吧。为了能够见上他一面，老师经常通宵达旦地在网吧找他。

有一次，老师在网吧找到他后，和他进行了一次长谈。在谈话中，老师针对他的情况进行深入分析，他也意识到这样下去确实不行，但是总控制不住自己。老师也觉得他每次重返课堂只能坚持学习几天，厌学情绪一天比一天严重，强迫自己留在学校也不是长久之计。对于这两次大学生活，他也流露出许多感慨和无奈，但最终还是与大学生活告别了。

鸵鸟效应

鸵鸟和雄鹰是自然界中的两个家族，因素来不和，所以虽是邻居也不往来。有一天，鸽子给它们捎来口信说它们的领地将有敌来犯，让它们两个家族都提前做好准备。但是，鸽子并没告诉它们敌人是谁。接到消息后，两个家族的成员都忙碌起来，坚固城堡，准备粮食。可是，没过几天，鸽子又给它们带来口信说它们的敌人要和它们在森林前的沙漠地带展开决战。接到挑战后，雄鹰个个摩拳擦掌，一副要与敌人决个你死我活的样子。鸵鸟家族的成员们在老冤家的面前，也不甘示弱。决战的时候到了，两个大家族列队站在同一侧等着敌人的到来，时间不长，只见迎面不知是什么生物，黑压压的一片，向它们扑来。雄鹰成员们主动出击，直扑向敌人。而鸵鸟们却把头埋在了沙子里。不知过了多久，雄鹰凯旋的时候，见鸵鸟们的头还在沙子里埋着，就有一只雄鹰大声说："敌人已经被我们击退，你们还不把头抬起来？"听了这话，鸵鸟们把头从沙子里抬了起来，纷纷说："好险啊！多亏我们把头埋了起来，否则岂不是要大祸临头！"雄鹰听后，就更瞧不起鸵鸟了。后来，鸵鸟又遇到了劲敌，仍然采取同样的办法，这一次可没有那么幸运了。没有了雄鹰的帮助，敌人轻轻松松地就把头埋在沙子里的鸵鸟打败了。

当鸵鸟被逼得走投无路时，就会把头钻进沙子里，鸵鸟自以为安全，其实不然。鸵鸟的应敌心理，我们称为鸵鸟效应。鸵鸟效应发生在个体身上会使个体产生逃避现实的心理，做出不敢面对问题的懦弱行为。鸵鸟效应启示人们：在面对危机时，不正视现实，不主动出击，一味采取回避的态度最终只会给自己带来失败和遗憾。

鸵鸟效应在案例中的体现

该案例体现了鸵鸟效应对大学生厌学情绪的助长和颓废心理的强化。大学学习是大学生成长成才的重要途径，案例中的主人翁柳同学却没有在学习的氛围中塑造自己，只是贪图大学生活的肆意自由，在深知陷入这种认识误区时仍然没有及时跳出，将自己包裹成校园中的一只"鸵鸟"，不敢正视自己的窘境，一味逃避现实生活对他提出的种种挑战，以至于他两次没能完成大学学业。

鸵鸟效应在本案例中主要体现在柳同学因不同原因而与大学的两次擦肩而过：

（1）第一次主要受外部因素的影响。高考的失利让他并没有进入心仪的大学学习，学校的普通和专业的冷门让他自暴自弃。他也曾争取过，但在并没有收获显著效果的情况下，他选择在大学享受慵懒的生活。他不是没有直接面对现实，只是现实与理想中的巨大差距让他在校园的喧嚣中迷失了自己。于是，他像鸵鸟遇见敌人一般，逃避了沉重的课业负担，逃避了家庭经济的困难，逃避了老师和父母对他的殷切期望，更加逃避了他曾经拥有的梦想。离开学校进入社会打工的他经历了打工的艰难磨难后，又看清了现实的残酷，想到了大学生活的那份惬意和自由。柳同学以其坚强的毅力将手中的"扑克"重洗了一遍，他很幸运地考上了自己神往的大学和理想的专业，但是很快又沉沦下去。

（2）第二次退学时，外因的作用已经微乎其微了。内因是鸵鸟心理已经在他心里扎根，他再一次变得贪图享乐，极度厌学，组织纪律涣散，自制力极差。知识是对任何人开放的，当然也包括柳同学，但是知识对他的吸引力仅仅是单向的，况且与他顽固的堕落思想相比较显得那么苍白无力。为此，他宁愿当一只鸵鸟，自以为将自己埋入辛勤读书外的安逸中就万事大吉，但这对关心支持他的老师、同学和父母是不负责任的。最终，他自己选择彻底告别大学。

「工作思考和建议」

柳同学的案例从表面上看似乎不太常见，但是现实生活中其实有很多跟他一样的个体：如被誉为"考霸"的学生张非，2003 年，考进北京大学，2004 年 7 月因成绩太差被劝退。2005 年以南充市理科状元的身份被清华大学录取。2007 年 1 月，又因成绩太差而退学。之后，在第三次高考中成为南充市理科亚军的他再次进入清华大学校园。在大家的惊讶与非议中，这样的实例开始被媒体曝光，人们普遍的疑惑是这些曾经的尖子生们为何在大学时丧失了学习的动力，遇到困难时，不是勇往直前，而是做避世的"鸵鸟"。

网络使得更多的学生找到了避世的场地——各种新媒体也成了一个个暗藏危机的桃花源。作为教育管理工作者更加应该时刻警惕这些避世的"鸵鸟"，及时警告他们，帮助其分析利弊，充分发挥各路优势，巧用各处力量，帮助其制定良好的职业生涯规划。

帮助学生顺利完成学业是确保学生实现自我发展的前提，未来的社会对知识的需求越来越高，也要求个人必须具备越来越强的综合素质和能力。当代大学生不缺思想，不缺激情，然而有不少年轻人却缺乏直面困难的勇气和坚韧不拔的精神。正如苏轼所言，古之立大事者，不惟有超世之才，亦必有坚韧不拔之志。狄更斯也曾强调：顽强的毅力可以征服世界上任何一座高峰。因此，大学教育管理工作者应当把大学生坚韧品格的形成作为重要工作，抓牢抓实。尤其是辅导员、班主任要将其当成自己的工作重心，跳出本专业的局限，帮助大学生坚定理想信念，明确奋斗目标，敢于挑战困难，做勇往直前的"雄鹰"而非逃避困难的"鸵鸟"。只有这样，才能既是追梦者，也是圆梦人，才能担负起中华民族伟大复兴的历史责任。

自己人效应

——成为学生的自己人

小 X 是一名来自边远山区、家境较为困难的学生。小 X 课余时间积极进行兼职，在锻炼能力的同时，缓解家庭经济压力。大一暑假，小 X 接到在外打工多年的表姐的电话，说给小 X 介绍一份理想的暑期工作。但具体做什么，表姐闭口不谈，只是说了一些对将来的美好设想。对此，小 X 蠢蠢欲动，考完试便只身一人前往表姐所在城市。到达后，表姐热情接待，嘘寒问暖，特别亲切。第二天，表姐带小 X 接受公司"培训"，主讲人大讲特讲"当前的经济形势、年轻人的抱负和理想"，说"直销"是"经济全球化的必然趋势，是一项伟大的事业"等。

当时，小 X 上台进行了演讲，畅谈人生理想。第一次看到这么多人对她热烈鼓掌，她有很大的满足感，觉得自己的能力得到了别人的尊重。"培训"期间，传销集团刻意营造团结互助、艰苦创业的氛围，让小 X 误认为进入了温暖的集体。除日常接受"培训"外，每天不断有人跟小 X"交流"，透露某某已经通过"直销"成为百万富翁等发财信息，"鼓励"小 X 艰苦奋斗、磨砺意志。刚开始，小 X 也怀疑过某些有违常理的举动，但经过多次洗脑式"培训"，小 X 逐渐丧失了辨别是非的能力，内心开始认同这份"工作"。

开学后，虽然小 X 回到了学校，但辅导员发现小 X 的状态与上学期相比发生了很大变化，她不再与同学接触。而且，辅导员在查寝的过程中发现小 X 有多次晚归记录。辅导员第一时间向小 X 的家人和舍友进一步了解其近期的情况。进一步了解后，敏锐的辅导员感觉到了事情的严重性，马上约小 X 来办公室谈话。当辅导员出现在小 X 面前时，小 X 没有感到惊讶，迫不及待地介绍起自己的事业，畅谈人生理想和创业梦想。对此，辅导员没有立刻反驳，耐心地跟小 X 讲解了"直销"的赚钱模式、国外"直销"与国内"直销"的区别、积极"直销"对社会的危害以及学校其他学生的相同境遇。

看到小 X 的脸上露出了疑惑的表情，辅导员进一步向小 X 了解，有没有缴纳"入会费"、有没有去公安(工商)部门查询企业的相关资质，并对她说，"真金不怕火炼，如果确实是好的创业实践机会，辅导员也将大力支持"。随后，辅导员陪伴小 X 前往派出所报案，小 X 介绍在进入"集体"的过程中先后缴纳会费 2000 元，经过公安部门的查询，最终确定这就是"传销"组织骗人的惯常手段。经过公安部门和辅导员的努力，小 X 终于醒悟过来，在民警和辅导员的帮助下远离"传销"，并协助公安部门一举破获了传销组织。就这样，小 X 变回当初那个阳光开朗的青年，并重新回到了课堂之中。

「自己人效应」

自己人效应是指人们对"自己人"所说的话更信赖、更容易接受的一种情感和认知倾向。在人们组成的各种群体中，彼此容易相互影响。这种相互影响有时是无意的，有时则是有意的。有意的即一方对另一方有意识地施加影响，以便矫正对方的某种行为。有意施加影响的技巧很多，其中自己人效应便是一种。

在高校教育管理过程中，自己人效应的积极表现可拉近师生距离，起到春风化雨般的效果。所谓"近朱者赤，近墨者黑"，如果自己的身边人有意地发挥自己人效应，干一些不正当的事情则是自己人效应的消极体现。

自己人效应在案例中的体现

此案例体现了自己人效应的积极和消极双重影响。传销集团成员利用自己人效应，以亲戚关系提供理想工作取得初步信任，随后以嘘寒问暖的亲切态度主动跟小 X 交流，把对方当作自己人，结合语言描述，向小 X 虚构了一个美好的图景，将小 X 骗入传销"窝点"。传销集团成员抓住人性的弱点，刻意营造一种关心青年人的假象，这正是自己人效应的消极影响。回校后，辅导员敏锐地发现小 X 的异常，及时介入，通过入情入理的现实分析和情感感召，带小 X 前往公安部门进行核实与报案。无微不至的关怀让小 X 认识到辅导员才是真正关心自己、爱护自己的自己人。辅导员恰当地发挥了自己人效应的积极影响，帮助小 X 走出困境。

工作思考和建议

自己人效应是一种情感感召，通过把对方当成自己人，从而建立彼此之间亲近的情感联系。高校教育管理工作者应善于将学生当作自己人，将传统的理论灌输改为与学生的平等对话交流，这样往往能取得意想不到的效果。尤其是当学生对外界环境和信息较为排斥，对身边人信任度低，具有内向、自卑、敏感等心理表征时，利用自己人效应能较为容易地建立师生间相互信任的关系，打开学生的心扉，解开学生的心结，促进问题的有效解决。与此同时，教育管理工作者也需要增强警惕意识，及时发现学生被非法传销集团所迷惑的情况，在日常工作中可通过专题讲座、日常提醒等方式提前预防，防止自己人效应的负面影响给学生带来伤害。

双趋势冲突效应

——引导学生正确选择

小花是某大学计算机专业的本科毕业生，2020年夏天，她和众多同学一起离开校园，准备奔赴社会岗位。由于小花本科期间读书努力刻苦，专业知识十分扎实，曾在全省大学生计算机程序大赛中获得优异成绩，加之社会对该名牌大学毕业生认可度非常高，很快，小花心仪的两家公司都抛来了橄榄枝，对此，小花感到既开心又难以抉择。在小花看来，这两家公司都很有吸引力。一家是本省的软件公司，虽然刚刚起步，但是近些年来不断扩大市场，公司效益一年比一年好，发展潜力很大，且承诺的月薪非常高；另一家则是广东的老牌制造业公司，公司口碑很好，由于公司数字化转型需要，急需聘用像小花这样的高素质IT人才。两家公司提供的工作机会都十分诱人，但小花只能选择其中一家，随着签合约的日子越来越近，小花越来越感到困惑与无助。

眼看着周围的同学都确定了毕业去向，自己却还在犹豫不决，小花只得向经验丰富的班导师求助。班导师了解情况后，面对焦虑的小花，并没有立马提建议，而是将小花带到一家安静的茶室，边喝着茶边跟她讲"帝王蛾"的故事。"幼虫时期的帝王蛾生活在茧中，洞口极狭窄。为了实现飞翔的梦想，它那娇嫩的身躯必须拼尽全力往外冲，虽然伤痕累累，但只有不断磨砺双翼，让血液充斥每根血管，它才能拥有遨游天空的力量。"在班导师的开导下，小花露出了自信的笑容。她明白了，她此时就是向着茧口不断前进的帝王蛾，茧口的另一端是实现梦想的广阔蓝天。面对两家同样优秀的公司，自己该感到庆幸，而不是彷徨。选择的过程也是磨砺自我、化茧成蝶的过程。

班导师见小花逐渐摆正心态，接着引导小花深入发掘自我，明确自身最注重的因素是什么，问她是薪酬、城市，还是发展空间、公司规模。在班导师的循循善诱下，小花逐渐意识到，自己更注重自我提升，相较于高薪，她更渴望去到大城市更广阔的平台。本省的软件公司虽发展潜力大，但受限于本省互联网行业整体水平，始终面临发展的天花板。而广东的公司位于沿海大城市，能享受大城市的诸多红利。公司虽为老牌制造业，但重视数字化建设，且毗邻诸多优秀的互联网公司。长期来看，小花拥有更大的提升空间，这个选择更有利于她走可持续的职业发展道路。最终，小花选择了广东的老牌制造业公司。经过一年的锻炼，她成功晋升为公司信息部门副主任。

双趋势冲突效应

双趋势冲突是指面临两种同样强烈的愿望而只能选择某一种时的动机冲突。双趋冲突（approach-approach conflict）是指在两个具有差不多吸引力的正价的目标（即两个有利无害的目标）之间做出选择时所发生的心理冲突。

例如，一个人同时收到两项具有同等吸引力的工作邀请，对其中一项的选择，意味着对另一项的拒绝，于是，这个人处于一种犹豫不决的冲突状态。这也是勒温所设想的三种基本冲突类型之一。这种冲突的平衡是不稳定的。当某人向一目标移动时，便出现一种目标梯度效应，这时，较近目标的吸引力增强，而远离目标的吸引力下降，处于一种不平衡状态，会迅速被吸引到趋向较近的目标。

双趋势冲突效应在案例中的体现

案例中的小花是个幸运的毕业生，当有同学为毕业后找不着工作而愁眉不展的时候，她却为选哪一份工作而发愁。两个都是对她具有极大吸引力的工作，但"鱼和熊掌不可兼得"，在双趋势冲突效应的作用下，她的内心处于犹豫不决的冲突状态。相较于"就业难"，小花面临的"选择难"很明显属于高层次的矛盾冲突，是拥有发展余地的冲突失调，故而班导师不急于说教，而是用"帝王蛾"的故事启发小花，激活她的内在动力，启发她认识自我，从而做出正确选择。双趋势冲突的平衡是不稳定的，在班导师的启发下，小花结合公司优劣势及自身定位，开始倾向于广东的公司，出现一种目标梯度效应。这时，广东公司的吸引力愈发增强，而本省公司的吸引力下降，两者处于一种不平衡状态，小花迅速做出了适合自己的职业选择。

工作思考和建议

"To be, or not to be?"歌剧《哈姆雷特》中忧郁敏感的丹麦王子也曾喃喃述说抉择的困惑。大学生常常面临选择的岔路口，选择爱情还是选择事业，选择考研还是选择工作，选择留在学校发展还是选择回家创业……面对大学生的这些实际困惑，教育管理工作者需要高度重视并及时介入，注重教育方法和策略，引导学生做出正确的选择。

首先，教育管理工作者需要及时发现并重视双趋势冲突效应作用下的心理压力。压力源于学生更高的自我追求，对于这一点，教育管理工作者需要给予高度肯定，并鼓励学生摆正心态，提高心理素质，化压力为破茧成蝶的动力，并进一步引导学生认识到，在抉择过程中，思考、磨炼的价值甚至高于抉择本身。

其次，教育管理工作者需要引导学生准确定位自己，找准未来的发展方向。认识自我是走上人生道路的第一步，学生在校期间，教育管理工作者就应当通过团体辅导、个体心理咨询等方式，引导学生认识自我的个性、能力、气质。

此外，教育管理工作者应当引导学生树立正确的择业观。面对小花这一类学生，教育管理工作者不可简单粗暴地帮他们做决定，而是要鼓励学生就"就业单位的发展前景、继续深造的条件机会、用人单位对自己专业需求的迫切性、单位里的人际氛围、个人发展与社会需求的关系"等问题进行主动思考，适时灌输"实力胜于一切""有才能便有需求""是金子在任何岗位都可以闪光"等择业观念，塑造积极向上的高校学生就业观。

最后，教育方法不可一成不变，要根据当代大学生的新特点、新问题、新需求进行创新。案例中，班导师运用了感染教育法，用生动、直观的故事感染学生，启发小花理解和接受抽象的人生道理。尤其是当下，第一批"00后"已全部进入大学，面对追求个性的他们，教育管理工作者一定要摒弃传统的填鸭式道理灌输模式，开发多渠道、多方法的教育模式，将教育理念寓于典型性事例中，以此来实现与学生的情感共鸣，落实立德树人的根本任务。

归因偏差效应

——找准原因才能助推成长

　　小方是一名大一新生，做事认真严谨，对自己的要求也较高。小方高中时将精力都放在了学习上，没有参加过学生活动或者担任过班委。进入大学后，踏入了一个新阶段，想多参加一些活动，所以想通过竞选班委等机会来展现自己，同时锻炼一下自己的能力。

　　刚入学，小方就成功竞选上了军训临时负责人。在这个过程中，小方表现得很好，不仅完成了负责人任务还被评为了优秀学员。开学后，他还积极地参与了班委选举，但遗憾的是他落选了。小方为此很失落，他认为自己没被选上是因为有人暗中拉票，不然，自己的能力不差，而且军训期间的表现也很不错，怎么可能选不上呢。

　　之后的一段时间里，小方闷闷不乐，总是在心里为自己抱不平，也不太愿意参加班级活动。辅导员得知这件事后，先了解了他的情况，发现小方同学确实是很优秀，但是因为他容易较真，对自己要求较高，办事时对他人保持较高的标准，平时也不常和同学交流，多数时间都在认真学习，所以也没有与同学们建立很好的友谊，这才是他落选的主要原因。随后，辅导员找到小方，耐心地和他交谈，并引导他认识到自己的问题所在，让他明白落选不能完全归于外部原因，也应该多反思自身；做好一件事不仅需要自己有足够的能力，学会协调团队、与团队沟通交流也是十分必要的。

小方明白了自己的问题所在，不再认为落选是因为其他同学拉票，他不断地反思，正视自己的问题，并且一点点地做出改变。在后来的学习生活中，辅导员也会给他参与组织一些活动的机会，班委们在组织班级活动时也很乐意询问他的观点与看法。虽然没有当上班委，但小方也得到了锻炼自己的机会，从而变得更加优秀。

归因偏差效应

归因偏差是指我们在日常生活中，往往会通过自己主观的分析与判断来推测一件事情产生的因果关系，甚至产生某种偏差。简单来说，当我们成功时，往往会把原因归结于自己的内部因素，比如我们工作有多么努力，能力有多么强；反之，当我们失败时，则会把主要原因归结于外界的干扰，比如考试没考好是因为题目太难、时间太紧，或者老师打分太严等等。

心理学的研究表明，成功时人们的正常心理反应是感到自己有能力，失败时则力图把责任推诿给外界或他人，这是大多数人具有的无意或非完全有意地将个人行为及其结果进行不准确归因的现象。这样归因对于人的心理调节和自我防卫是有利的，但这种心理容易让人自设樊篱，把失败的原因归结为自身不可改变的因素，放弃继续尝试的勇气和信心，破罐子破摔。所以，归因一定要客观且多角度，防止产生归因偏差效应。

归因偏差效应在案例中的体现

在案例中，归因偏差效应主要体现在两方面：一是小方在对自己落选一事归因时，倾向于主观以外的因素，一味地认为落选的原因是同学拉票，强调客观原因；二是小方在对自己进行归因时，只看到自己好的那一面，而没有意识到自己没有与同学们建立很好的友谊，片面的归因，只论一点，不及其余，致使小方闷闷不乐，一心将落选归因于外部因素。

工作思考和建议

　　归因偏差是一种人们难以避免的认知现象，学生容易因为这种偏差而放弃自身的努力，而对同学取得的成绩不满甚至嫉妒，采取语言攻击，并以一种"扭曲"的方式寻找心理平衡。同样，教育管理工作者也会有归因偏差，如认为优秀的学生取得好成绩，在竞赛中获奖是因为其本身就能力强、学习认真，而对于成绩不好的学生突然某一门成绩提高了很多，或者是得了奖，则会认为其运气好。老师会因固有的刻板印象而把某些学生划在优秀行列，而对别的学生不予关注。归因偏差影响着大学生的自我成长和自我评价，尤其是影响大学生的身心发展，而正确的归因观却是大学生健康成长成才的动力。

　　那么，应如何树立正确的归因观呢？首先，在日常生活中可以有意识地审视、回顾自己的思维过程。在看到别人做出某种行为的时候，即使这件事可能让你不开心、不喜欢，也不要急于去做判断，而是应该尝试换位思考，尽量客观地分析一下做出这种行为的原因是什么，尤其是要考虑到那些经常被我们忽略掉的环境的、偶然的、外部的因素。其次，学会向内看，客观且多角度地进行自我反思，清醒地认识到自己的问题，而不把失败的原因归结为自身不可改变的因素。为此，高校教育管理工作者可以把这两种思维方法融入日常的教育中，引导学生形成换位思考、自我反思的思维习惯，从而降低归因偏差效应发生的概率。

拙诚效应

——识破巧伪，肯定拙诚

「**案例回放**」

王同学大一刚来学校时，各方面表现很不错，班上同学一致推选他为班长。一年来，虽然并没有做多少实际工作，但因为口才好、勤汇报，深受学院领导的好评。所以，大二团学会竞选时顺利当上了院学生会副主席。有了前期工作做基础，院主管学生工作的领导给了他许多任务，而这一切都源于领导、老师对他的信任。他虽然工作不务实，但每周都跟院团委书记汇报自己的工作思路，并且对辅导员提出的建议一一采纳，将其运用到活动开展当中，这让辅导员十分有成就感。

与王同学一同参加竞选的张同学成功竞选上了院团委副书记，张同学在同学们的印象中是个敢想、敢说、敢做，同时考虑问题十分全面的同学，但有一个缺点就是说话太直，得理不饶人。有一次，辅导员组织团学会干部就某次活动进行可行性讨论，张同学因为直接"顶撞"辅导员，指出一些大家都没注意到的问题包括辅导员不成熟的想法而给辅导员留下不好的印象，从此，辅导员有事也有点刻意不让张同学去做，而是让其比较信任的王同学去完成。为此，张同学受了不少委屈。

大三时，王同学顺利当上了院学生会主席，张同学则因为考虑给学弟学妹提供锻炼的机会从团委副书记的岗位上退了下来。当上院学生会主席的王同学志得意满，感觉"大权在握"，认为许多事情不用跟辅导员汇报，自己完全有能力将其办好。而且通过一年的接触，他发现辅导员在某些方面可能还不及他成熟，在团学会上经常对辅导员的想法提出异议，还时不时"越级"跟学院主管学生工作的党委副书记汇报工作，完全不把辅导员"放在眼里"。辅导员十分无奈，一段时间以来，因为命令执行不统一，使院学生工作一度出现不少问题，自己在学生中的威信也受到了影响。王同学也慢慢开始自我膨胀，不仅错误频出，告状的学生也不少。经多方教育引导无效，学院领导对王同学进行了严肃的批评，并根据有关程序调整了他的学生干部岗位。

拙诚效应

拙诚效应源自一个日常生活中的小故事。一位老爷爷在家问 5 岁的孙子："你喜欢爷爷还是喜欢奶奶!"孙子说："我喜欢奶奶!"老爷爷皱眉又问 5 岁的外孙："你喜欢外公还是喜欢外婆?"外孙灵巧地说："当然喜欢外公!"老爷爷很高兴，但又听到外孙批评孙子："你真傻，外婆又不在，为什么说喜欢外婆?"曾有人向 16 位成人讲述这个故事，问大家喜欢这个外孙，还是喜欢孙子。16 人中只有 1 人赞扬外孙的聪明，而另外 15 人都喜欢诚实的孙子，这即"巧伪不如拙诚"的拙诚效应。合理利用拙诚效应可以帮助我们建立良好的人际关系。生活中，我们总会遇到不少"巧伪人"，他们一开始给我们留下了极好的印象：热心并且处处为他人着想。但不久，他们在取得人们的信任后，便会做出有损他人利益的事。这种"巧伪人"，远不及表面上对我们并不亲热，有时甚至还顶撞我们的实在人。

拙诚效应在案例中的体现

俗话说，会哭的孩子有奶吃。在日常生活中，不少人就是善于用花言巧语投机取巧，以表面的顺耳的语言获取他人的信任，然后借机获利，但这种"巧伪人"在得利以后，往往会以另一种面目出现。拙诚效应在本案例中主要体现为以下两个方面：

我们可以发现王同学就是一个"巧伪人"，一进大学，王同学充分发挥其语言优势，初步获得班上同学的信任担任班长，然后再靠自身的宣传，把自己的知名度打进了院里，提高学院领导对其的信任度，顺利当上院学生会副主席。在辅导员面前他继续充当"巧伪人"，获得辅导员的信任，大三时又当上了院学生会主席。他一步步以扮演"巧伪人"的角色实现了"仕途"的发展，但最终也因此被撤职。

诚实的张某一开始因为顶撞给辅导员留下了极不好的印象，团委副书记的岗位干了不到一年，但是在同学们中却留有好名声。

工作思考和建议

日常生活中，我们经常会遇到"巧伪人"。现实也告诉我们在不少情形下，这种"巧伪人"容易得利，如各方面不怎么突出，甚至有点劣迹的男生却可以靠花言巧语很容易骗取漂亮女生的芳心。在职场或学生工作里，也有不少人靠"巧伪"获利。这些人靠"巧伪"成功的原因在于人喜欢表面上进、人品好的人的潜意识。如教学老师会不自觉地给那些经常跟自己探讨问题，经常用微信、QQ 联系的学生一个较高的平时成绩等。但是，日久见人心，巧伪不如拙诚，拙诚效应终会出现。因此，在教育管理工作中，教育管理工作者要善于发现学生中的"拙诚人"、警惕学生中的"巧伪人"，也要引导学生建立良好的交际圈，客观全面地看待每一个人，不要被外在的表象所迷惑。

单亲效应

——给单亲的他们更多温暖

　　阿霞是一个独立、稳重的女生，相较于同龄人更为成熟。初入大学时，阿霞积极主动地参与学生干部的竞选，因出色的口才、清晰的思路竞选成为院学生会某部门部长。她的优异表现引起了辅导员的注意。但辅导员发现，工作认真负责、学习成绩优异的阿霞总是心事重重。某天深夜，阿霞室友打电话告诉辅导员阿霞情绪崩溃、非常痛苦。辅导员立即赶到宿舍。阿霞发现辅导员来了，立马就停止了哭泣，擦干眼角的泪水。"阿霞，发生什么事情了，我既是你的老师，也是你的朋友，能告诉老师你的难处吗？"刚才还撕心裂肺哭闹的阿霞立马镇静了，她告诉辅导员，"没有什么事情的，就是最近学习和工作有些忙"。辅导员观察到阿霞逃避的眼神，看到阿霞不愿意轻易向别人吐露真情，没有多问，而是以讨论学习和工作方法为由，缓解阿霞情绪。

　　在随后的一次活动中，辅导员特意讲述了自己幼年时的不幸遭遇。台下的学生都听得泪流满面，心里有很大的触动，阿霞也在其中。辅导员趁热打铁，邀请阿霞出来谈心，她跟辅导员讲起了成长经历："我同样也不幸福，妈妈生的三个孩子都是女孩，爸爸因为害怕承担责任而离家出走，沉重的家庭负担就落在了妈妈身上。为了供我们上学，妈妈常常去工地上打工，干着和男人一样的活计。为了省些钱给我们买些营养品，妈妈常常一天只吃两三个馒头。我恨我的爸爸，他的狠心让原本幸福的家庭遭受了这么多磨难。大姐今年找到了落魄街头的他，但他不敢回来。不过，即使他回家我都无法原谅他！"辅导员听完她的讲述后，安慰她道："你的心情我可以理解，因为我也有过相似的经历，但他毕竟是你的爸爸，即使父亲没有抚养子女，子女仍然不可以不赡养父亲，而且，任何行为都不能磨灭他给予了你生命的这个事实。"阿霞哽咽了，眼泪顺着她坚毅的脸颊流了下来，辅导员知道虽然她恨她的爸爸，但是同样也期望着伟大父爱的回归。

为了进一步打开阿霞的心结，辅导员想尽了各种办法，不仅经常找她谈心，而且给她推荐了很多宽容、孝亲方面的故事书籍。除夕的那天晚上，辅导员接到了阿霞的电话，阿霞说她爸爸回家了，她正沉浸在家庭团圆的幸福中。

单亲效应

单亲效应是在单亲家庭孩子中常见的心理效应，即单亲家庭的孩子，容易出现自卑、孤僻、悲观等负面心理的效应。有的突出表现在从小亲眼所见父母不断争吵、打架，父母离婚后，一方或双方不愿承担子女抚养之责的孩子身上。

心理学研究表明，人和哺乳动物幼时都有依恋母亲的倾向。曾有实验表明：将幼猴与母猴隔离后，幼猴会依恋一个套有毛皮的支架，将它作为自己的"代理母亲"。人在幼年时，双亲之爱特别是母爱不可或缺。单亲家庭的孩子有的自幼得不到父爱或母爱的温暖，便会产生自卑心理，出现孤僻、怪异、逆反等行为，对他人与社会抱有怀疑乃至敌对态度，不能与其他人快乐、自在地交往，严重者还容易走极端。单亲家庭也可能会对子女有积极的影响，如独立自主、抗挫折能力强等。因此，单亲效应也有其积极作用。《中华人民共和国民法典》(2020年)、《中华人民共和国未成年人保护法》(2020年修订)等法律法规强调单亲家庭的合法权益，助力单亲家庭和谐稳定发展。

单亲效应在案例中的体现

阿霞从小的家庭经历导致她长大后非常敏感和极度自我保护，这是单亲效应影响的典型案例。正如案例中的"阿霞"一样，这类学生自尊心强、内心却极其脆弱，不肯将内心世界展露给他人，宁愿自己一人默默承担，而且这又属于个人隐私问题，方法不当、干涉过度容易加重学生心理负担，造成负面后果。因此，高校教育管理工作者应准确把握单亲效应的特点与影响，尊重、理解、帮助此类学生，寻找走进他们内心的突破口，为其成长成才赋能。

工作思考和建议

随着父母离婚、分居情况的增多，单亲不仅仅是传统意义上的父母其中一人亡故或父母离异，也有父母因工作离家在外而无法照顾孩子等情况。在大学中，高校教育管理工作者无形中扮演着这些学生心中父母的角色，是他们"爱"的补充者与给予者。对于单亲家庭学生的教育我们一定要注重细节，抓住机会，给予学生温暖。为此，可以从以下四个方面入手：第一，切实关心关怀。单亲家庭学生通常是非常敏感的，高校教育管理工作者在工作中应细心观察，通过心与心的交流，而非对单亲家庭学生居高临下的"怜悯"，真诚地为学生排忧解难，拉近与学生的距离。第二，注重循序渐进。学生的思想状态十分复杂，要转变一个人的思想观念是相当困难的。因此，教育管理工作绝非一两次便可成功，应通过长时间的关心、感化进一步帮助学生。第三，加强家校联系。单亲效应与家庭情况密不可分，我们应从家庭入手找到症结所在，运用家庭和学校的强大合力，打破学生心中的坚冰。第四，掌握沟通艺术。正确对待单亲效应对学生产生的消极影响，从每次具体谈话的地点、事件、场合、对象等情景因素出发，注意表达的措辞和方向，有效避开学生心中的敏感地带，提高表达效果，把准学生"脉搏"，积极引导学生树立乐观向上的心态。

领域效应

——每个人都有自己的空间

　　小 R 是一位性格活泼开朗的男生，家庭条件较为优越，刚入学时与来自不同省份的另外三名男生被安排在同一间寝室。对大学新生活的好奇和憧憬让他们马上就成为感情非常要好的四兄弟。随着大家对大学环境的逐渐熟悉，社交面的越来越广，初到大学时表现的趋同转为暴露出各自的特性。由于来自不同省份，饮食、作息、衣着等都有很大的差别。尤其是小 R 对学生社团活动有着浓厚的兴趣，将很多精力放在社团活动中，使得舍友间交流的频率逐渐降低。由于参加活动较多，小 R 每晚回寝室较晚，回寝室后还常外放音乐、长时间打电话，完全不顾寝室室友的感受。最初，寝室室友碍于情面只是善意地提醒，但是小 R 的不良作息习惯从来没有太大改观。除了晚上影响室友休息外，小 R 还随意摆放物品，占用他人空间，个人区域卫生情况差。最后，寝室室友终于忍受不了，从来没有红过脸的室友和小 R 大吵了一顿，小 R 感到特别委屈，不知道自己到底做错了什么导致室友如此"针锋相对"。

　　辅导员得知寝室矛盾后，到寝室分别向他们了解情况。小 R 始终将责任推至他人，为自己找理由和借口："寝室本来就是休息的地方，我总不能不在寝室打电话""我的地方我自己说了算，他们为什么管我""我每次都尽量避免吵到他们，但是他们得理不饶人""其他人也在我休息的时候打过电话，我都没有说他们，他们为什么不懂得体谅我"……其他三位男生则向辅导员诉说了他们不一样的想法。

辅导员听完同学们的讲述后，对寝室四人进行了劝说并提出了要求：第一，四人寝室是大家共同居住的地方，并非某一人独有，所有人应该爱护并共同营造良好氛围。第二，任何矛盾一个巴掌拍不响，每位同学都应学会换位思考，思考自己的行为是否会影响到他人，做到己所不欲，勿施于人。第三，要学会包容与体谅。每个人都有自己的生活习惯，在寝室生活，要接纳体谅他人的习惯，摒弃自己不好的做法，相融相促，才能融洽地生活。辅导员要求寝室四人共同探讨制定寝室公约，并按要求执行。事后，辅导员单独找小 R 进行谈话，先肯定并表扬了小 R 积极参加学生活动的做法，告诉他，作为辅导员，相信小 R 是一个活泼、热情的男生，愿意与同学们交往，并无坏心。小 R 非常感谢老师的肯定。随后，辅导员对小 R 的不足进行了批评，告知小 R 在寝室与在家中的不同，要学会体谅他人，共同营造寝室氛围，并相信小 R 一定可以做到。小 R 听后对自己的行为进行了反思，并主动向寝室室友道歉，室友也就争吵向小 R 表达了歉意。寝室四人重归于好，关系也变得越加融洽。

领域效应

在日常生活中，我们容易发现这些现象：在公共汽车上，有人喜欢一个人占两个座位；在电影院，两个人若非有亲密关系却不得相互紧挨着坐着，周围都是陌生人，但若有空闲座位，个体宁愿到较偏的座位上就座，而不愿夹在中间与别人紧密相挨。生活中，每个人习惯的生活空间，如座位、办公桌等不喜欢被别人侵占，即使亲密朋友占用，潜意识中也会感到别扭与不适。这种心理现象就是领域效应，这是生物界普遍存在的一种现象。

有研究发现，人与人之间因亲疏不同而导致不同的相隔适度距离。其中亲昵区为 10～40 cm，表现为夫妇、恋人间的领域空间；个人区为 40～120 cm，表现为朋友之间的领域空间；社会区为 1.5～2.5 m，表现为一般熟人之间的领域空间；而公众区则为 2.5~3.0 m，表现为陌生人之间或一般公开的正式交往场合的领域空间。一般来说，与陌生人在一起时，似乎领域越大，人们的内心越平静。

领域效应在案例中的体现

寝室作为大学生作息的主要场所，其性质包含着个人的隐私性和相对的公共性，室友之间空间关系的处理直接影响人际关系。此案例中四人的寝室矛盾便是因领域效应而起。小 R 认为寝室是自己的领域，是休闲的场所，故以自我为中心，可以无所顾忌。而其室友则认为自己的领域长期被侵占，因而感到强烈的不适，甚至愤怒。四人产生矛盾的主要原因就在于没有正确认识到领域效应在寝室生活中的影响。

工作思考和建议

大学寝室关系是寝室成员在交往中相互影响、相互结成的一种特殊关系。近年来，各大高校寝室矛盾问题频发，严重者还危及学生生命安全。案例中的寝室矛盾是高校中常见之矛盾，也是高校教育管理工作者日常事务管理的一部分。高校教育管理工作者需要熟悉并合理运用领域效应，帮助学生正确完成从高中到大学集体生活的过渡。一方面，应强化制度管理，营造良好的寝室氛围。"没有规矩，不成方圆"。寝室管理与人际关系需要有制度约束。辅导员应引导学生主动、民主地制定寝室公约并共同遵守以减少寝室矛盾的产生。另一方面，应加强思想教育，帮助学生正确把握人际交往"距离"。集体生活不可避免对他人私人空间产生影响，而距离有时是情感的融合剂。我们应引导学生学会包容、换位思考与积极面对，培养学生拉开一定距离看待他人习惯，不刻意强求也不完全疏远，找到和睦相处的正确方式，从而减少领域效应的负面影响。

瓦伦达效应

——看重过程，放低期许

平日里，小蕾是个各方面表现都很优秀的女生，学习勤奋刻苦，上课认真，回答问题积极，谈及某位学者的思想时侃侃而谈，不时发表一些散文、诗歌、时评，是同学们眼中典型的才女。她从进大学开始，"知名度"就很大，学院大一年级的同学几乎都认识她。

俨然，小蕾的表现给辅导员、学院领导留下了深刻的印象，都有把她推荐到校新闻网去当记者以及让她担任院报主笔的打算。为此，辅导员亲自找她谈话，并在现场出了一道题目，要求她在规定的时间内写一篇时评。小蕾看了题目后，立马正襟危坐，咬紧牙关，额头开始冒汗，却迟迟不动笔，甚至最后远远超出规定时间还是没有完成，这让辅导员很意外。无奈之下，辅导员只好让小蕾把材料带回去写，不再限制期限。三天后，小蕾把材料送到辅导员办公室，辅导员翻看时，小蕾在一旁显得十分紧张，坐立不安。辅导员想，也许是刚上大学的缘故吧，这些"重视"对她来说太突然了，她需要一个适应的过程。

新生军训结束后，班上组织召开第一次班会，进行班干部竞选，看着其他同学站在台上信心满满地发表竞选演说，老师、同学眼里优秀的小蕾一直坐在下面没有参加竞选。事后，辅导员听小蕾寝室同学说，小蕾十分想参与竞选，也做了充分准备，但她害怕失败，害怕给同学留下不好的印象，所以到了竞选那天，她又打了退堂鼓。

接连两次出现的类似情况，引起了辅导员的高度重视。辅导员把小蕾请到办公室，准备跟她谈一谈，但整个过程中她还是显得很紧张。见此，辅导员决定邀请她晚饭后一起在操场散步。在散步过程中，辅导员没有跟她谈论有关学习与前两次的事情，而是以生活的话题开场。慢慢地，小蕾心情放松了下来，开始主动跟辅导员说前两次表现异常的原因。她说自己一直都特别看重事情的结果，所以一到关键时刻，心里就十分紧张，尤其是高中的时候，大家都觉得她学习基础不错，每月一次的学业水平测试成绩她都是年级前几名，但在期末考试及全市统一考试时，成绩都不怎么理想。高考前的一段时间里，她晚上一直睡不好，总担心考不好，自己期望的目标是考入全国"双一流"高校，结果成绩出来后只够上一个普通重点大学。小蕾怀疑自己是不是有考试焦虑症，从小学到现在都是如此，一遇到考试，就状态很差。通过交谈，辅导员对其心理有了大致的了解，但这个问题不可能立刻解决，只能宽慰她注重过程，不要太看重结果。

事后，辅导员上网查询了相关资料，并到学校心理健康教育中心就小蕾的案例进行了咨询，辅导员了解到要根治该生的"心理顽疾"不是一两天就能成功的。此后两年，学习认真的小蕾每次考试都成绩平平，勉强通过了大学英语四级，大学英语六级考了两次才得以通过。在辅导员的建议下，她去做了几次心理咨询，辅导员同时也推荐了一些书籍给她，希望能帮助她摆脱这种心理。

瓦伦达效应

瓦伦达效应源自美国一个著名的高空走钢索的表演者瓦伦达，他在一次重大的表演中，不幸失足身亡。他的妻子事后说，我知道这一次一定要出事，因为他上场前总是不停地说，这次太重要了，不能失败。而在以前每次成功的表演前，他总想着走钢丝这件事本身，而不去管这件事可能带来的一切。后来，人们就把这种不专注于事情本身、总是患得患失的心态叫作"瓦伦达心态"。

美国斯坦福大学的一项研究表明,人大脑里的某一图像会像实际情况那样刺激人的神经系统。在现实生活中,人们在做事情时倾向于想得太多,太在乎事情所带来的后果,太在乎别人的闲言碎语,太在乎现在和未来的一切,可恰恰忽略了事情本身。在现代社会,很多人为了在激烈的竞争中获取成功,不得不承受巨大的压力,在这样的重荷下,而结果总是偏离预定的轨道,反而离成功越来越远。

瓦伦达效应在案例中的体现

生活中我们总是会对自己觉得很重要的事情过分看重,比如当一个高尔夫球手击球前一再告诫自己"不要把球打进水里"时,他的大脑里就会出现"球掉进水里"的情景,而结果往往没有按自己预想的情况发生。本案例中,瓦伦达效应主要体现在以下几个方面:

(1)小蕾在没有受到关注的日常生活中,落落大方,深受同学、老师的喜爱。而当老师看重她时,她却不堪重任,做事犹犹豫豫,导致自己的表现事与愿违。所以,她才会出现有稿子不能当场写出,竞选不敢上台的情况。

(2)小蕾患上了"考试焦虑症",一遇到关键事件心里就异常焦虑和紧张。每次遇到比较重要的考试、考核,小蕾都会努力准备,十分注重结果,但一上场,往往事与愿违。

以上两种情况都是典型的因担心不好的结果发生而产生瓦伦达心态,进而导致自己的社会功能减退的现象。

工作思考和建议

"人,要认识你自己"是镌刻在古希腊神庙的经典名言。每个人一定要清楚自己心里真正需要的是什么,不患得患失,并为之努力奋斗。瓦伦达效应启示我们,应专心致志于做某事,而不去管做这件事的结果。受功利主义影响，有些学生从小学到高中都易受只注重考试结果而忽视成长成才过程，导致这些学生容易"唯分数论"，容易焦虑、患得患失。对此，辅导员在学生刚入学时就要帮助他们进行认知调整，树立全面发展自我的理念，善于设置新生适应教育主题，创设锻炼平台，引导学生涵养理性平和的心态。

搭便车效应

——不当南郭先生

小吴是一名大三学生，平时学习比较认真，成绩比较优秀，在班上担任班长一职，每次都积极参加班级活动。同学们在遇到事情时也经常找他帮忙。某学期，学校开了一门公共课叫"人文社科研究方法论"，三个班一共120人一起上该课程。老师在课堂上布置了一个平时作业，并告知大家在期末时会算平时分。老师将学生分成三组，每个班为一组，每组有一个讨论题，要求设计一个选题，并进行综述。任课老师留给大家两周的时间准备，两周以后每组派代表上台发言，并上交本组成员名单。

小吴所在班的同学一致推荐小吴上台发言，小吴欣然接受了这一任务。小吴整理好提纲以后，想按提纲分给每位同学一点任务，可是大家都找借口推脱。小吴实在没有办法，只得自己去弄，两周的时间他几乎全部花在这个平时作业上，搜集资料、整理资料、精心整合，而且还要负责班上的一些事务。他感到身心疲惫，还有其他好多事情也都落下了，他非常着急，后悔当初不加考虑就接受了这项任务。

两周过去了，所有代表将组员名单交给老师以后就上台发言。可是当代表在台上发言的时候，其他学生都心不在焉，没有认真仔细地听，老师也没有在意，最后还是给了每位学生同样的平时成绩。前两个班的代表发言完毕以后，还有一个班没有代表上台发言，大家都很纳闷，老师只好点了班长的名来问个究竟。小吴难为情地站起来，告诉老师，要发言的就是自己，但班上的同学没有时间集中讨论，所以，他不敢发言。

搭便车效应

有一个国王为显示自己的威信，决定在其生日那天让所有子民同一时刻高呼"陛下万岁"。他把时间定在了正午时刻。子民们也十分期待这一刻的到来，因为他们到时候能听到世界上最大的声音。一位智者发现了这样一个问题：如果自己也呼喊的话，听到别人声音的效果将大打折扣。于是他决定在他人呼喊的时候保持沉默，只是静静地听别人呼喊。他把这个发现告诉了自己最亲密的人，想让他也能享受到此种乐趣。结果，不到半天时间，这个消息传遍了整个国家。正午时刻到了，大家翘首盼望着最大声音的到来，但结果只剩沉默。这就是搭便车效应产生的结果。

搭便车效应在案例中的体现

此案例是一个合作学习的案例，案例中的其他学生只想着拿到成绩，却不做相应的付出。在合作学习中，虽然全体小组成员客观上存在着共同的利益，但是从社会心理学的角度看，却容易形成搭便车的心理预期。搭便车效应的产生在本案例中主要体现在以下几方面：

（1）开始时，大家一致推选一个本就很忙的同学来进行小组成果展示，但是很多学生在讨论时缺乏主动性或干脆袖手旁观，只是坐享其成。这是搭便车效应的开端，大家都图自己的方便，而没有考虑到整体的利益。

（2）讨论进行时，许多学生从表面上看是参与了讨论，实际上却不动脑筋，不集中精力，在讨论中没有发挥应有的作用。这也是搭便车效应的体现之一，有的人看似加入了团队，却只是装作在做事，浑水摸鱼，做起了"南郭先生"。

（3）小吴本人太好说话，性格比较软弱，也给其他同学产生搭便车心理提供了条件。

产生搭便车效应的原因很多：一是异质分组客观上使学生的动机、态度和个性有差异；二是老师对合作学习的考评容易采取平均主义的做法，即给集体每个成员一样的成绩，而忽视个体的努力程度。

搭便车效应的危害非常大，在合作学习过程中，如果更多地强调合作规则而忽视小组成员的个人需求，可能会使每个人都希望由别人承担风险，自己坐享其成，这会抑制小组成员为小组的利益而努力的动力。搭便车心理可能会削弱整个合作小组的创新能力、凝聚力、积极性等。因此，高校教育管理工作者应该认识到搭便车效应的危害性，不要把学生简单地分成几个小组，而要尽量选择合适或者尽量少的人进行小组学习，因为如果合作小组的规模较小，每个小组成员的努力对整个小组都有较大影响，其个人的努力与奖励的不对称性相对较小，会使搭便车效应减弱，但是对教育管理工作者的能力有很大的要求。缩小规模的另外一个作用就是削弱社会惰化现象，能够取得较高的合作效率。同时，要营造一种愉快的合作学习环境；明确任务与责任合理分工；随时观察学情，监控活动过程，指导合作的技巧，调控学习任务，督促学生完成任务；在奖励机制分配上也要破除平均主义。只有消除搭便车心理，每个学生才会得到充分的锻炼，团队效率才会有更大的提升。

边缘人效应

——警惕徘徊的边缘人

　　小鑫家庭经济困难，所以他初来大学之时很珍惜读大学的机会。刚进大学校门之时，小鑫和其他同学一样，对大学充满了好奇和憧憬，出于新鲜感他也曾积极主动地参加学校活动。可是不多久，他发现大学完全没有想象中的那么美好，由于从小就没有什么特长，也没有什么爱好，机会似乎总是与他失之交臂，他开始觉得自己一无是处。自尊心很强的他决定退出人们的视野去干自己喜欢的事情。电脑游戏在大学生中有极大诱惑力。他以学校交书本费为由向父亲要了1500元，买了一台二手电脑。从此，他陷入了网络的泥潭中。

　　"你知道小鑫在哪儿吗？半学期都不见人。学院让交表，现在就差他的了，上哪儿找去呀？"班长着急了，这是大二时的一幕。学校要统计个人信息，班长给小鑫打电话不接，发短信不回，问同宿舍的同学也不知道他在哪，敲过很多寝室的门后，终于在其他学院学生宿舍找到了小鑫。不仅如此，小鑫开班会时也总是缺席，班上有事时也总是找不到他。他总说自己没有接到通知，迟到、旷课更是家常便饭，对班级管理还有抵触情绪，总是对前来传达消息的班干部恶语相向。

　　"上课独自坐在角落，课间休息时别人聊天他低头发短信，下课第一个冲出教室；上课时从不主动发言参与讨论，躲在教室后排一声不吭，老师点名叫起来也是随便说两句就坐下；班干部到宿舍通知事情时头也不回，随便应付两句……"辅导员老师很无奈地谈到小鑫。辅导员老师也曾找小鑫谈过话，也请小鑫的父亲来过几趟学校，方法用尽却无计可施。他的表现从来没有太大的改变，他的状况让热心的辅导员也没有心思再去管教这个学生了。慢慢地，班干部对小鑫的态度也不是劝导而是简单粗暴，爱理不理。

转眼间，大学四年过去了，可是小鑫认为，自己从来没有真正地融入大学。由于所在的学校施行的是自由选课制，所以从大一之后，小鑫和同班同学的关系还没有捂热就开始疏远了。之后，他天天宅在宿舍，沉迷于网络游戏，辅导员曾多次质问他为何不参加班级活动，小鑫一直坚持说："我跟他们不是同路人，我是班级边缘人！"这句话他讲了四年。班级聚餐时，其他同学纷纷向他亲切地打招呼，他发现自己并不记得同学们的名字。舍友笑话他是世外高人，不食人间烟火。他虽然知道那是开玩笑，但心里也开始有所悔恨。

「边缘人效应」

德国心理学家 K·勒温首先提出了"边缘人"这一概念，他认为社会性变动的概念亦能适用于个人社会心理的变化。社会地位的改变能使个人的心理特征和行为特征发生改变。当一个人从一个工作环境转到另一个工作环境时，因还未适应新的工作环境，此时他的属性是不稳定的，易产生紧张感、失落感，表现出过分小心、谨慎、自卑和不敢自作主张，对自己的天性进行抑制等。

人容易分成两类：中心人和边缘人。边缘人不完全被群体孤立，也有着其积极的表现，他们有精神上的先行者，有自己独特的思想。他们会由于思想的独特性，让平常人难以理解。但是，一旦他们在某一方面的优势爆发，他们也极有可能取得显著的成功。当然，这样的个体是极少数，大部分边缘人会因为世俗眼光的阻碍而难以较好地适应社会。

边缘人效应在案例中的体现

案例体现的是边缘效应在大学生群体中的影响。案例中的主人翁小鑫大学四年连班上同学都不怎么认识，更不要谈有什么好朋友了。他整天沉溺于网络游戏，觉得只有在虚拟世界中才能够不成为边缘人。该效应在本案例中主要体现在以下几个方面：

（1）小鑫成为大学中的边缘人有着客观原因。由于出生在贫困地区，家庭经济不好，所以从小就只是以读书为使命，其他方面的发展都很欠缺，进入大学后与其他素质能力都很优秀的同学相比，他确实属于天鹅中的"丑小鸭"。这些都是他成为边缘人的诱因。

（2）常言道，"穷人的孩子早当家。"但是与很多类似出身的同学的积极奋进相反，他选择了逃避的方式来度过大学四年时光，这不仅造成了自身能力素质的止步不前，也让他丧失了大学期间最为重要的友情，当自己把自己独立于团体之外时，久而久之，团体也会对他产生排异现象。这也是小鑫被边缘化的主要原因，自身的堕落让他陷入了边缘。

（3）班干部和辅导员工作方法不当。如果团支书能够宽容大度，摒弃前嫌，持之以恒地与小鑫交流沟通下去，或多或少能够让小鑫的行为得到一些改观；其次，辅导员也没有做好本职工作，他没有找到小鑫这种消极行为的缘由，一味地联合家长对小鑫的行为进行"围剿"，没有从平等的角度出发，在不伤害他自尊的前提下进行思想行为的正确引导，所以教育的效果不好。教育管理工作是一个长期的过程，不是一蹴而就的，假如同学们和辅导员能够对小鑫多些关注，多些关怀，他被边缘的结局也许可以避免。

工作思考和建议

每所大学、每个班级或许都不缺乏夺人眼球的积极分子。但每所大学、每个班级里也许会存在上述案例主人翁般的边缘人。他们独来独往，淹没在茫茫人海当中，很难找到归属感。边缘人现象主要是自身原因造成的，当然也有外部环境施加的影响，但学生自身的心理性格因素起的作用最为显著。探讨这个问题，不能只根据学生在大学里的生活状态分析，而应该向其中小学甚至更早的时期追溯。对于不少"边缘人"而言，人际交往能力和习惯往往在中小学阶段就已经基本定型，上大学后，因人际关系相对而言更加松散，更加不易把握，所以情况进一步加剧。如果学生在中学时是一个非常阳光开朗的人，那么进入大学后突然变成边缘人的可能性是很小的。

"边缘人"的生活状态未必应予全盘否定，关键要看学生自身的心理需求。一方面，大学生如果始终抱着"边缘"态度，可能会丧失一些学习发展的机会，给自身发展造成阻碍；但是从另一个角度来说，这样的状态也可以使学生节省大量用于人际交往的时间，保持一种相对自由的生活节奏，做一些对他更加有意义的事情。任何一种处世方式都是有利有弊的，关键在于自己如何选择。一部分"边缘人"在经历一段边缘化的时期后，对自己的生活状态并不满意，想从中摆脱出来，但又觉得无力解决而选择逃避，从而陷入了一种恶性循环。遇到有此类困惑的学生，教育管理工作者应当教导他们敢于面对问题，努力迈出解决问题的第一步，通过自己的努力来解决问题，而不是完全指望外部力量。

所以，我们要时刻警惕徘徊的边缘人，了解他们是否真正满意自己边缘化的现状，替他们分析自己在这种现状下的优劣势，帮助他们找好自己的定位，只有这样才能因材施教，让学生的能力得到充分的施展。

失之惜效应

——不要让自己的人生后悔

小孙是某重点高校的一名普通的大一新生，高考发挥失常，成绩同预期的稍有差距，但所幸还是考上了心仪的大学，虽然没有选到最理想的专业，调剂的英语专业也能让小孙接受。

但好景不长，大一开始，小孙就遇到了一系列困扰：小孙发现英语专业学生主要以女孩子为主，这让内向含蓄的小孙很不适应，英语基础本就不太好的小孙在学业上也遇到了一些困难。短短一个星期的时间，小孙就萌生了转专业的想法。用小孙的话讲，"金融、计算机那种'热门'的专业，转过去准没错"。虽然身边老师朋友都建议小孙慎重考虑，但小孙还是打定主意转专业。就这样，一个学期后，小孙终于转到了金融专业。

转专业成功之后，小孙却发现事情并不像原本想的那样顺利。转专业要补修的课程让小孙的生活一下子充实了起来，新的班级、同学、舍友让小孙感受到了融入的压力，小孙一下子成了最忙碌的人。就这样半学期过去了，小孙的成绩不升反降，转专业之初的热情渐渐消磨殆尽，当初的"豪言壮语"只剩下如今的"失落后悔"，他甚至还萌生了退学的打算，整个人的状态都十分让人担忧。

辅导员李老师了解到了小孙的情况，进一步了解原因后，找到小孙，详细了解了小孙转专业的原因和当前遇到的困难。李老师告诉小孙，专业不分好坏，只有适不适合自己，没有所谓的"最好的专业"，既然已经选定了专业，就应该认认真真学习，况且困难不可避免，失去总会觉得可惜。李老师还组织了班级的学生干部和小孙的舍友组成"课业补习小组"，帮助小孙补习落下的知识。每当学院有学生活动的时候，李老师都会邀请小孙参与。两个月过去了，小孙的成绩有了显著的提升，也找到了新的朋友，大学生活终于回到了他预期之中的样子。

失之惜效应

失之惜效应反映的是一种普遍的心理现象：拥有某种情或物的时候不知道珍惜，一旦失去，就觉得该情或物美好，而心理上怀念过去，顿生失落感，甚至产生悔意。

失之惜效应在案例中的体现

有些大学生对大学生活并不珍惜，荒废时光，白白浪费了大学生活中的很多机会。案例中的小孙从入学开始就没有认识到失之惜效应的危害。由于缺乏生涯规划和对专业的了解，小孙在进入大学之初，在不了解英语专业的情况下，出于片面的认识，盲目选择转专业离开英语专业；在选择转入专业时，小孙在并不了解的前提下，追求"热门"专业，导致转专业后，出现了学业课程跟不上、同学间陌生等诸多问题，致使小孙同学对学业和生活产生倦怠感，甚至对转专业这一决定产生后悔。辅导员李老师针对小孙的情况，结合失之惜效应，为小孙分析了问题的关键并不在于专业本身，而是小孙本人缺乏对自己的清楚认识和对未来生涯的规划。为此，辅导员李老师告诉小孙问题的根源后，也要他学会珍惜大学生活，尽快调整状态。小孙结合老师和同学们的帮助，短短 2 月的时间，就适应了新的生活，一切也都向好发展。

工作思考和建议

　　高校教育管理工作者应当将"以人为本"贯彻始终，教育大学生如何珍惜他们所拥有的一切，珍惜来之不易的大学生活，让学生懂得失之惜效应，尽可能避免"失之惜"带来的困扰。具体可从如下角度入手：首先，教育学生认识到"时间宝贵，一去不回"的道理，做好时间管理。其次，教育学生了解所学专业、制定职业生涯规划。很多学生不懂得珍惜、盲目选择的一个重要原因就是缺乏对所学专业或者未来发展的了解，人云亦云地跟风，导致错失机会或者做出不理智的选择。为此，应教育学生既树立远大理想，也学会脚踏实地，珍惜当下，过好每一天。再次，注意发现和挖掘每一位学生的闪光点，真正做到因材施教，针对不同风格的学生设置不同的教学内容和环节，教育学生认识到自己的独特价值和独一无二的定位，帮助学生找到"存在感"，这也将有效帮助学生减少因缺乏明确定位而导致的专业偏见。同时，也可以对学生进行"一对一"的辅导，更进一步了解学生的动态，进而进行有针对性的辅导和帮助。

多重人格效应

——为学生精准画像

小浩是某高校的学生，由于学习基础较好，大一上学期就高分通过大学英语四级和计算机二级考试，专业课的学习也是游刃有余，所以经常会有班级同学请他帮忙解决学业困难。由于男生爱打篮球，学校的体育设施又相对比较紧缺，一般很难占到位置，这时候小浩出现了，他凭借着自己的大块头，将一些本在篮球场上的人赶走，来展示自己的"江湖地位"。小浩在校园里喜欢讲江湖义气，为朋友两肋插刀，同学们也很听他的号召。但是，他却喜欢以大哥的名义号召同学与班干部做对，不是攻击班委能力不行就是批评会议空洞、费时，导致班级工作和活动难以组织开展。班干部找他沟通时，他也是敷衍了事，所以一个学期过后也没有任何改善。

辅导员意识到小浩的问题后，开始对他展开分析，得出的结论是，小浩的本质并不坏，只是喜欢追求个性化地表达自己的想法，方式采取不当，导致了这样的结果。小浩本身的成长环境也有些特殊，父母的离异对他的影响很大，使他的人格具有多面性。辅导员与小浩展开了深入的交流，在生活上也尽量给予他力所能及的关心和照顾，这些措施为辅导员对其进行深层的思想引导奠定了基础。

小浩告诉老师不参加班级活动、不支持班干部的工作的原因是觉得某些班干部有些自私，没有威信。通过调查，老师得知他所说的事情基本属实，及时给他以理解和尊重，肯定他有思想，也颇有正义感的一面。同时，老师也指导他要树立积极的心态，理性地思考问题，并以正确的方式去解决问题而不是消极应对。

在老师的细心呵护和培育下，小浩取得了明显的进步，其机敏沉着的性格、干脆果敢的管理能力和为他人着想的办事风格不断地展现出来，并得到了老师和同学们的认可。在大二上学期的班干部改选中，他以最高选票当选班长。

多重人格效应

在特殊的心态与不同的环境状况下，人们（特别是儿童）会表现出不同的人格特征，这个效应被称作多重人格效应。多重人格效应表现在有病态人格的人身上，如戏剧型人格障碍者，在心情好、欢快时，会表现出兴奋性的舞蹈动作和戏剧表情，而在沮丧时，又会呈现出抑郁状态；爆发型人格障碍者则忽而格外热情，忽而出奇冷漠。另外，一些多重人格者，是因幼时受到特殊刺激，如精神或肉体上的虐待。

有些孩子因备受家人的关注，以自我为中心，而有多重人格：在家里称王称霸，当"小祖宗"；在学校则胆小怯弱，任人欺负，当"孙子"。这就是家长过分娇宠、溺爱和在学校的独立生活能力、严格的纪律约束造成的多重人格。所以，为避免儿童的多重人格效应造成他们人格上的扭曲，家长必须严格要求孩子，不能娇宠，并且让他们自幼与人平等地相处，培养必要的交往能力和独立生活的能力。防止多重人格效应，必须从幼儿的环境优化入手。一旦发现孩子出现多重人格，一要改变环境，二要矫正行为，必要时，要请心理医生参与矫正。

多重人格效应在案例中的体现

老师在帮助小浩成长进步的过程中，通过细心观察发现他具有多重人格。一方面，酷爱武侠小说的小浩时常帮助同学们完成功课、占篮球场地等，俨然是班级非正式组织中的领导者，我们从中可以体味出他希望得到他人的认可。但是从小浩对班级工作的敌对态度来看，又可得知他存在思维偏激、处事方式简单、自以为是的缺点。为此，老师要重点关注有多重人格倾向的大学生，如果不帮助其处理好在校期间人格的破坏性一面，其很容易自暴自弃。但如果能正确处理，不仅可以克服"多重人格"破坏性的一面，还可以以点带面，成为其本人甚至整个集体进步和发展的引擎。因此，辅导员在工作中一直坚信小浩是一个好学生，仅仅是在处理事务的方法上有些不当，要对他进行教育引导，就得通过关爱融入他的内心，让他感受到这份温暖的爱后逐渐对老师产生认同和依赖。对此，辅导员制定了"三步走战略"：第一步：生活帮助，经济支持，奠定情感基础。得知小浩家庭经济拮据及父母离异的情况后，主动为他在学校正常的花销提供帮助，解除他学习的后顾之忧。第二步：心灵认可，行为肯定，引导理性思考。老师得知小浩的敌对行为事出有因，问题主要是出现在班干部身上，积极对他的行为进行强化肯定并施以正确引导。第三步：挖掘潜力，提供平台。他不断地挖掘其闪光点，因势利导，鼓励小浩参加班委换届竞选，在使小浩的才华获得施展的同时也为班级建设提供了源头活水。

工作思考和建议

多重人格者身后往往深藏着一段不为人知的辛酸成长史，他们都曾经是父母的好孩子、学校的好学生，也许就是因为在成长时期的特殊事件让他们的不良人格占领了上风。如不因势利导，这类学生将会不断往人格中不好的方面成长。对高校教育管理工作者而言，工作的对象是生理上基本成年而心理上具有较大发展空间的学生，不能用对待成年人的方式去对待不算成熟的他们，更加不能简单粗暴地对他们采取强制性、填鸭式的教育方法，其复杂性需要教育管理工作者耐心寻找一个合理的教育尺度。如著名的教育学家苏霍姆林斯基认为，要热爱、教育、帮助每一个孩子，只有共同的观点、思想和志向使师生结合在一起的时候，教师才能成为真正的教育者。

　　所以，教育多重人格学生，首先，必须坚持"不抛弃，不放弃"的原则，这为理解学生、教育学生提供了现实的基础，随后再积极引导学生进行理性思考，勇于说出自己的想法。其次，走进学生的心灵，不断引导学生思考自己的人生价值。具有多重人格的学生只有对自己的人生价值有足够的认识，才能树立起正确的世界观、人生观，拥有健康的内心世界，成为一个可以悦纳自我、悦纳他人、悦纳社会的大学生。最后，挖掘学生的亮点，帮助学生了解自己存在的价值和独特的竞争优势，使学生树立起信心，让其积极为自己赋能。

詹森效应

——适当降低期望值

「案例回放」

　　小正是某重点大学 2018 级学生，是一个帅气阳光的男孩，各方面都特别优秀，也是最被老师同学看好的国家奖学金的竞争者和学院最有希望的保研学生。但是，他却因为学习问题忧心忡忡地走进了校心理咨询室，希望老师能够对他的学习提供些帮助。

　　李老师早就听说过这位在学校"赫赫有名"的学生，看到他来咨询心理问题感到十分吃惊。李老师压制住内心的惊讶，微笑地听他诉说内心的烦恼和不安。小正道出了他光环背后所承载的巨大压力："我在学校被老师和同学们称为'明星人物'。我以前学习成绩较好，同学们之间在学习方面暗自跟我较上劲了，期末考试又快来了，我真的很担心重蹈大一时考试挂科的覆辙。"

　　"你挂过科，不会吧？"

　　"不瞒老师说，我大一上学期有门课程考试没有通过，差点没有评上奖学金。"小正看着老师惊诧的表情，尴尬地说道："所以我现在真的很怕，不仅是考试，这几次代表学院参赛也由于紧张没有取得太好的成绩，学院的老师虽然安慰我说重在参与，但是我心里真的很不是滋味。"

　　李老师说很多事情不能苛求完美，对一些事情过分看重，反而会导致过犹不及的效果。小正很同意李老师的看法，但是也表示很无奈："我的爸爸妈妈都是高中教师，他们对我关怀备至，对我也非常严厉，期望很高，所以我从小到大的压力都非常大。尤其是上了大学之后，因为离开了父母在外求学，爸妈总是担心我在大学会懈怠，隔三岔五地给我打电话，弄得我心情真的很不好。"

李老师终于明白了他是由于家长给予的压力有了考试焦虑。有些家长总是向孩子传达就业比较难、竞争压力比较大，只有知识才能改变命运等信息。他们始终坚持一种信念——只有考取好大学并成绩名列前茅，以后才能找到一个好工作，最后才能有个好生活。实际上，将这种功利性的读书动机灌输给学生必将产生消极的影响。小正是个综合素质很强的学生，平时表现突出，但是到了关键时刻总是会出现问题，这与家长的严格要求不无关系。

为有效舒缓他的焦虑，首先，李老师告诉他之前考试和竞赛成绩不好的根源不是他自身能力有问题，并且根据平时对他的观察和同学们对他的评价可以知道他的潜力很大，希望小正能够恢复这样的自信。其次，为了让他自己找准根源，李老师反问他，父母的期待是否对他的影响很大，学习动力的来源是否又都是来自父母的期待，小正都给了老师肯定的答复。老师接着指出这种过高期望实现模式的危害性，虽然父母的初衷是好的，但是他们缺乏对学生的正确定位，容易导致学生在考试或比赛前出现焦虑、紧张、头痛、睡眠障碍、食欲下降等状况。最后，李老师给小正提出了调节心理的四条原则：塑造较强的抗打击心理素质，培养独立自主意识，继续提升自己，使家庭目标和个人目标相一致。

「詹森效应」

曾经有一名叫詹森的运动员，平时训练有素、实力雄厚，但在体育赛场上却连连失利，让自己和他人失望。不难看出这主要是压力过大、过度紧张所致。由此，人们把这种平时表现良好，但由于缺乏较好的心理素质而导致正式比赛失败的现象称为詹森效应。

詹森效应在案例中的体现

小考挺好的，大考就"砸锅"是詹森效应在个体学习过程中的典型表现。克服这一现象需要个体摒弃心中的非理性观念，养成以平常心对待考试的良好习惯；加强综合训练，提高考试策略；此外，还需要加强对各种知识的整合理解和灵活应用，提高解决问题的能力，形成有效的应对综合问题的策略。家长也应保持平常心，不给孩子过高的要求或期望。案例中，此效应主要体现在以下几个方面：

（1）小正需要跳出的是詹森效应给他编织的怪圈，而制造这个"詹森"的却是望子成龙的父母。父母喜欢拿自己曾经的遗憾与孩子做对照，必谈自己当初在学校是如何优秀，由于后来的懈怠或者疏忽导致了没有取得比今日更大的成功，希望原先的理想能够通过自己的孩子得以实现。殊不知时代不同了，主客体也发生了很大的变化，一厢情愿地给孩子搭建"目标牢笼"是极不合理的行为。

（2）在学校，小正是一个多才多艺的男生，积极踊跃地参加各类活动，读书成绩优异，这就导致了老师和同学们对他形成了刻板印象，即小正必须在各方面都是优秀的。正所谓"说你行你就行，不行也得行"。这些态度给了他很大的思想负担，导致了他焦虑、紧张、烦躁等心理的形成，所以当他走进心理咨询室时李老师也非常吃惊。

（3）在与小正的交谈中，李老师至少获知小正在詹森效应下值得把握的四种信息：第一，他现在心理压力的根源是他父母期望的不断强化；第二，除了父母的压力之外，在与同学们的交往过程中他也存在对自己苛求完美和定位不清楚的情况；第三，他的实力非常出众但是未能发挥出最优的水平；第四，自身心理机制调节已经失效，需要借助外力来达成对心理压力的及时疏导和正确价值观念的重新塑造。小正也许正是由于对上述四个问题的疑惑导致许多个夜晚的彻夜难眠。

（4）李老师决定运用正确的引导方法，直面詹森效应产生的根源和解决方法。首先，李老师引导小正认可自己的实力并且重拾信心，这一点为摆脱詹森怪圈提供了内源性的动力；其次，要他明了压力来源于父母对他的过高要求和成长过程中对家庭的过分依赖，这点从根源上揭示了问题的由来，帮助他找到问题解决的正确切入点；最后，提出四点原则，在现实的基础上对他进行可行性方法的指导，建构一套完整的方法体系去应对接下来的期末考试。小正经过此次咨询，从心理上跳出了詹森效应形成的怪圈，获得了考试的成功。

工作思考和建议

在日常生活中，我们不难发现有些名列前茅的学生在重要的考试中屡屡失利，有些实力相当强的运动员在赛场上发挥异常。细细析来，"实力雄厚"与"赛场失误"之间的唯一解释只能是心理素质问题，主要原因是得失心过重和自信心不足。有些人平时"战绩累累"，卓然出众，由此造成个体形成一种心理定式：只能成功不能失败。再加上赛场的特殊性，来自社会、家庭、国家等方面的压力，使其患得患失的心理加剧，心理包袱过重。

应如何走出詹森效应的怪圈呢？首先，要认清"赛场"，克服恐惧感。赛场并不可怕，只是比平常正规一些而已。其次，要走出狭隘的患得患失的阴影，不贪求成功，只求正常地发挥水平。赛场是高层次水平的较量，同时也是心理素质的较量，"狭路相逢勇者胜"，只要树立自信心，一分耕耘必定有一分收获，最终定会交付满意的答卷。

对于高校教育工作者而言，应努力营造温馨向上的校园文化氛围，切忌"三高"，即盲目追求高要求、胡乱设立高标准、凭空苛求高分数，不能仅从学习、比赛等方面评价学生，要对学生有全面而准确的认识。但是这并不意味着对学生不管不问，而是要把握一定的尺度，在相对宽松的氛围中制造适度的压力，使学生能够更好地在学校得到锻炼。

该隐效应

——平等对待每一位学生

「案例回放」

梅同学是会计学专业 2017 级的学生,品学兼优,入大学以来学习成绩一直都在班级前列,但是令人遗憾的是他从未拿过高等级奖学金,不是因为成绩不达标,而是因为他本人对评奖评优不积极。作为院学生会副主席,他在综合测评中从未加过附加分,为人谦虚和气的他总是将名额给其他同学,所以同学们对这位"不慕名利"的学生干部的评价都非常高。

但是去年年底,梅同学家里出了些状况,他妈妈被查出患了癌症,高昂的治疗费用让小康之家的家境一下跌至深谷。梅同学是个懂事的孩子,为了减轻家庭负担,期末考试又获得优异成绩的他决定申请国家励志奖学金,也很顺利入围了国家励志奖学金竞选名单。事情表面上看起来风平浪静,私下里同学们对梅同学不满的声音多了起来。

反对心理最强烈的是梅同学最要好的朋友田同学。田同学家一直比较困难,其妈妈多年来一直卧病在床,家里仅仅靠着爸爸每个月几百块钱的下岗补助生活。生性要强的田同学一直靠奖学金和勤工助学工资支撑着学业。这次田同学的成绩与梅同学相当,迫于好朋友的情面,一直也不愿和他争今年的国家励志奖学金名额。但是,在同学的怂恿下,一直为"钱"所困的田同学决定请参与评定奖学金的张老师吃一顿饭,希望申请国家励志奖学金的事情能够有些转机。张老师拒绝了田同学的吃饭之请,约他到办公室面谈。在张老师办公室，田同学也没有明说，只是旁敲侧击地询问了一下奖学金的评定事宜，而张老师对他的用意并未有半点察觉。

梅同学实在忍受不了同学们对他人格的歪曲评判，尤其是考虑到好友田同学内心的不满后，他也悄悄地找到张老师，希望张老师同意其放弃奖学金申请资格。张老师耐心地做着梅同学的思想工作，告诉梅同学不要有这么大的心理包袱，评定奖学金的事情全部都是公正公开的，是按照程序来办的，这次奖学金是对他学习成绩、工作能力、道德品质等综合素质的肯定。梅同学听了张老师的劝说之后，如释重负地回到了宿舍。

评奖结果不久后揭晓了，梅同学荣获了会计学专业 2017 级唯一的国家励志奖学金名额。田同学失望之余，回想与梅同学作为好友的点点滴滴，他觉得友谊是这么不可靠，落选是自己性格较为软弱以及梅同学学生干部身份影响所致。奖助学金名单公布后，田同学情绪低落，思想偏激，开始对梅同学进行人身攻击，造谣梅同学与老师有非正常私人关系，到处揭发此次奖学金评定过程中所谓的"黑幕"，对梅同学的名誉造成了极其恶劣的影响。梅同学因此受到了很大的打击，奖学金评定让他丧失了一份珍贵的友情，他在和前任班主任联系时还透露出轻生的念头。

学院领导得知此事后立马安排专人找到两人谈话，要求田同学说明情况，希望他能够承认自己所犯过失，勇于承担责任，向相关受害者道歉，并尽力挽回梅同学受损的名誉。同时，要求张老师协同做好梅同学的思想工作，避免他因此事消沉，一蹶不振，也嘱咐班干部多注意观察梅同学的日常行为，并特别叮嘱梅同学寝室室友，在生活上多给予其关照，留意其情绪变化，有异常情况及时反映，避免不幸发生。

该隐效应

《圣经·旧约》第四章曾记述了一件事情：亚当与夏娃生了两个儿子，大的叫该隐，小的叫亚伯。哥哥该隐种地，弟弟亚伯牧羊。哥哥懒惰、嫉妒心重，弟弟勤劳、谦虚。有一天，兄弟俩向耶和华献供品。该隐献上了土地生产之物，亚伯将自己羊群中头生羊的精美的油脂献给耶和华。耶和华接受了亚伯的供物而拒绝了该隐的贡品。于是，该隐发怒并对弟弟亚伯产生了极其强烈的嫉妒之心，不久，他找机会杀死了弟弟，因而遭到耶和华的惩罚。

这种兄弟姊妹间争宠、互害的效应，被心理学家称为该隐效应。虽然当下大学生以独生子女为主，而独生子女不存在争宠问题，但独生子女进入幼儿园、学校以后一般会有不同的境遇，有的受老师关注，有的未受到老师的关注，因此容易产生该隐效应。中国家长的家教习惯是护小，父母总是说："你是哥哥(姐姐)，他(她)是弟弟(妹妹)，你要让他(她)!"大帮小、大让小成为习俗，但若父母偏爱一个，在被冷落的身上就易产生该隐效应。当然，像《旧约》中写的哥哥杀死弟弟的案件极为罕见。作为老师、家长，对学生、子女，应尽量"一碗水端平"，要教育孩子相互关爱、互谅互让，是防止该隐效应的必由之路。

该隐效应在案例中的体现

该案例中主要体现了该隐效应在大学生评奖过程中的消极作用。

(1)梅同学和田同学是最要好的朋友，但是在"诱人"的奖学金面前，他们之间的友谊却受了挑战，并且最终因为田同学的过分行为导致了友情丝带的破碎。他们二者在其中所扮演的恰好是伊甸园中的该隐和亚伯的角色，虽然结局并没有那么残忍，但是这样的教训对于两位富有朝气的大学生来说也是很痛苦的。

(2)梅同学一直以"淡泊名利"的良好学生干部形象出现在同学面前，在遭遇家庭变故后怀着减轻家庭负担的想法去申请国家励志奖学金，但却受到了同学们的非议。主要有三个原因导致了同学们对他产生误解：第一个原因是梅同学在同学们心中的"刻板印象"作祟，同学们认为他申请奖学金就是有猫腻；第二个原因看起来更加荒诞，就是在于对他副主席角色的不认同，同学们认为该层特殊身份是他评定奖学金的灰色筹码；第三个原因是同学们对学校评奖评优制度的不信任。田同学申请国家励志奖学金是源于他对家庭的责任感，当能够补贴家用的奖学金与千金难换的友情碰面时，他选择了走后门，希望通过请老师吃饭让自己的评奖过程中多些人情分。这种向老师套近乎的方式并没有得到理想的效果。田同学没有认识到好友的实力确实比自己要强，良好的初衷在他那被利益冲昏的头脑中逐渐歪曲变样，因而他编造谎言，污蔑师友，恶语相向，最终导致了难以挽回的后果。

（3）田同学将自己打造成评奖中的"该隐"，有自身原因，也有外部因素。外部因素包括不明真相的同学们的推波助澜以及教育者没有及时发现隐藏的矛盾，只是在危机爆发造成恶劣影响之后才采取相应的措施。在公正的评奖程序面前，任何耍阴谋手段的行为都是不可行的，现实中的"耶和华"最终能够察觉到犯错的人，并且给予相应的惩罚。

「工作思考和建议」

本案例反映出大学生思想政治教育尤其是心理健康教育的重要性，启发我们要从身边的琐碎事情之中观察问题、发现问题，关爱学生的心理健康，关心学生的切身利益，在分析问题时全面、细致，在解决问题时有方法、有思路。

奖助学金关系学生的切身利益，产生矛盾在所难免。评比绝对公平是不可能的，应尽量做到公正、公平。在评比过程中要时刻关注学生的思想动态，尤其是立志争取该奖项的学生，要引导学生将落选后的不良情绪化为上进的动力。要告诉学生用平常心态对待这样的评比，争取是每个人的权利但是并不是每个人都能获评。评上的学生在学习上要努力，在生活中要勤俭；没有评上的学生亦要努力，为来年的评选做更充分的准备。

奖助学金评定应尽量做到院系之间评比规则一致。教育管理工作者在评比中应以班级选取为主，以调查为辅，做到摸清楚每个学生的情况后，具体问题具体分析，让奖助学金能及时发放到所需人手中，把国家对大学生的奖助作为一种激励，发挥其最大的积极作用。

巴奴姆效应

——每个人心中都有希望之火

李某，一名来自西部贫困山区的女孩子，以其优异的高考成绩，使自己成了祖祖辈辈翻过绵延大山的第一人。虽然她家庭经济条件不好，可是一直以来她名列前茅的学习成绩是全家人的骄傲，她一直被家人视为掌上明珠。当熟悉的田园被陌生的校园代替时，周围多才多艺同学的光环逐渐掩盖住了她的光芒，曾经辉煌的分数在高手如云的大学校园中是如此不值一提。她觉得虽然和大家同属一个学校，却是属于不同世界的人。以前开朗活泼的她慢慢地郁郁寡欢了，本就内向的她更加不知该如何与同学们交往。她平静的外表下隐藏着展翅翱翔的梦想，但是家庭的贫困让她一直不敢外露自己的梦想，生怕招致别人的嗤笑。

她曾经也努力过，尝试着竞选班级团支书，略显紧张的表现让她以一票差距遗憾败北。从此之后，她的抱负也渐渐冷却下来了，那颗火热的心远离了班级岗位后也远离了同学们的视野，本来就不自信的她在受挫后更难以承担父母从小的期待。大学未能让她体味到一丝阳光，阴霾始终笼罩着她头上的那片天空，大学之路能否走完对她而言也是一个未知数，退学的想法一再涌现。

辅导员在一次很偶然的场合下观察到了李某反常的举动，开始从她身边的同学入手了解她的情况，得知她的异常变化后就开始采取激励的办法对她进行"挽救"。辅导员知道她家庭经济条件不好后，为她申请了校级助学金，让她能够不被学费干扰而安心地学习。当拿到助学金时她的眼泪在眼眶中打着转，她似乎察觉到了老师对她的好意。但是，对大学校园冷漠的刻板印象并没有消融她心头的坚冰。随后，老师又想方设法地为她寻找表现的舞台，知道她的文笔好就推荐她去校新闻中心做助理，知道院歌唱比赛的场地需要布置也叫上她，知道学校勤工助学办公室学生主任换届选举也鼓励她参加……从此，她变成了一个大忙人，久违的笑容终于重新出现在她的脸上。

不久后，国家奖学金、国家励志奖学金、院十佳优秀学生、院优秀义务家教等诸多荣誉名单里都能找到她的名字。

巴奴姆效应

巴奴姆效应是指人们乐于接受概括性的性格描述的心理现象。心理学家巴奴姆曾做过一个有趣的实验：他在报纸上刊登广告，声称自己是占星术家，能够遥测每个不相识者的性格。广而告之后，信件纷至沓来。这位心理学家根据读者来信寄出了数百份遥测评语。有两百多人回信感谢，称赞他的遥测准确、灵验。谁料心理学家寄出的竟是内容完全相同的标准答案："您这个人非常需要得到别人的好评，希望被人喜欢和赞赏，不过并非每个人都如此对您；您的想象力丰富，有很多美好的理想，其中也包括一些脱离现实的幻想；您想做成许多事情，身上蕴藏的潜力无穷，相比之下，已经发挥出的却不多；在某种情况下，您会产生烦恼，甚至动摇，但到关键时刻，您的意志还是坚定不移的……"这样的评语怎么会不"灵验"，因为谁不想被人喜欢和赞赏？谁不会有美好的憧憬？谁会说自己的潜力已充分发挥？所以，这种几乎适合任何人的评语每个人都乐意接受。

巴奴姆效应告诉我们，不管每个学生过去和现在的表现多么差，其内心深处总会有积极向上的念头。教育管理工作者要做的是点燃学生埋藏在心灵深处的希望之火，激发他们潜在的能量。

巴奴姆效应在案例中的体现

本案例中辅导员对李某的教育引导就是正确运用巴奴姆效应的应验，具体体现在以下几个方面：

（1）辅导员并没有简单笼统地将李某归结到差生行列。没有教不好的学生，只有教不好的老师。辅导员同样也相信这一点，没有让甘于平庸的李某继续这样的大学生活。辅导员对李某的认可，是她开始改变的直接原因，也是巴奴姆效应积极影响的首要因素。

（2）案例中的主人翁来自贫困的山区，由于长期处于家庭经济困难的境地，到大学视野开阔后总会将自己不好的家庭条件与他人做比较，久而久之便会对个人心理产生不良影响，自卑、孤独、多疑、敏感等随之产生。高校教育管理工作中，家庭经济困难学生的教育引导是一个无法回避的重点问题。他们用多年寒窗苦读和比自己家境优越的同学坐到了同一个课堂中，很多人大学前的恒心和毅力到了大学后却经受不住现实的冲击。李某是幸运的，她遇到了细心的老师将她从悬崖边上拉回，通过各种途径真心去了解她，发现了她内心深处的不屈和斗志，并为她提供一个又一个展现自我的平台。

（3）大学校园中虽然人才济济，但每个人都是独一无二的，都能找到属于自己的那片天空。因此，高校家庭经济困难学生工作并不仅仅只是在经济上对学生进行帮助，心理疏导也十分重要。不仅要济困，还要为其发展赋能。案例中的李某最终在老师、同学们的帮助下在各方面都获得了令人赞叹的成绩。

工作思考和建议

美国第 37 届总统尼克松曾有一句名言——"命运给予我们的不是失望之酒，而是机会之杯。因此，让我们毫无畏惧、满心愉悦地把握命运。"出身、家庭是我们不能决定的，贫困的经济条件不是命运对我们无情的捉弄，我们不必在窘境中失落悲观，因为它在冲击的同时磨砺的是精神上更强大的自己。案例中的女生也曾被命运打倒过，但是在老师的关怀下她正视自己的现实，重拾信心，满怀希望地参加各种活动来充实完善自己，她是把握了命运机会之杯的人。然而，我们不能仅仅关注她骄人的光亮，更要总结她摆脱内心的恐惧的成功历程。辅导员应从中体悟到作为一名教书育人的老师应该担负起的责任，"十年树木，百年树人"，高校教育管理工作不是一朝一夕之事，更非一时一刻之功，辅导员需要深入学生当中发现问题，为那些丧失了斗志、信心的学生搭建起爱的平台，只有在爱的指引下才能帮助学生走出阴影，才能有助于他们成长成才。应怎样做呢？

1. 把爱的艺术、关怀教育融入教育管理工作中

教育管理工作要摆脱传统的口号式、理论式的简单灌输，结合当代大学生的个性特点，发挥高校学生拥有的教育资源的优势，深入学生内心挖掘，将爱心教育模式融入对他们的教育中，摒弃原有冰冷僵化的教育方式，融入爱心，采取有效的方式、方法关怀学生，让学生在爱中健康成长。

2. 贯彻双主体性的教育理念

教育管理工作者的工作是螺旋式的上升过程，成功的教育管理工作必须将学生放在主体位置。老师与学生是平等的主体，换位思考后的反馈将产生意想不到的良好效果。这就需要教育管理工作者在工作中及时发现问题，在问题处理的过程中适时掌握学生反馈的信息，围绕学生问题的起因进行前瞻性的把握。

3. 将物质激励和心理激励相结合

家庭经济困难学生工作往往是学生工作中的棘手问题，它受到外部经济条件和内部心理变化的双重阻力，故要精准把握家庭经济困难学生产生心理问题的根源，在物质上帮助他们解除学习的后顾之忧，同时在价值观上引导，助其摆脱思想上的困惑和烦恼，树立起正确的世界观、人生观、价值观。

预期效应

——成为理想中的自己

　　小周是某大学商学院的一名学生。像班上大多数同学一样，在他还是一名高中生的时候，就被父母寄予了考上好大学的期望。因此，在高中学习生涯中，他就被父母剥夺了许多娱乐时间，比如说不能够看自己喜欢的游戏赛事，拿手机打游戏更是绝对不允许的。他也多次向父母表达过自己的不满，但每当他向父母提出自己需要更多的时间去放松一下时，他父母总是这样说："高中辛苦一点，等你上大学后就轻松了。上大学后你可以做任何你想做的事，我们也不会再管你的学习了。"就这样，他压抑着心中的叛逆，憧憬着父母口中常说的美好的大学生活，认真地备考。告别父母来到大学后，一切都如他曾想象的进行着。在寝室里他结识了与自己有着同样想法的小王。他们每天在寝室不是讨论哪个战队的战绩佳，就是聊关于游戏的技巧，就这样成了形影不离的朋友，通宵打游戏，每天乐此不疲，感觉自己做的事比学习有趣多了。饿了，就点一份外卖；困了，就睡上一整天。小周想，大学的生活真不错，觉得哪个老师的课没意思打完卡就直接溜走。他们俩也总是商量着翘课后要去什么地方好好放松一把。在不知不觉中，学期迎来了尾声，期末考试也在悄无声息中结束了。成绩出来后，小周挂了好几科，小王的成绩也不容乐观。

辅导员刘老师知道情况后，立马找到他们两人谈心，先是对他们的成绩进行了一次简单的评价。但是此时的小周却表示不服气，小王也点头附和道："大学生活不就是用来好好享受的吗?"刘老师听完后和声说："大学确实不同于高中，你们可以在保证学业不受影响的情况下，适当地做自己喜欢的事情，丰富自己的业余生活。可如今，你们的成绩将会直接影响你们的毕业，如果长此以往你们还可能面临退学的风险。你们想一想当初自己付出多大的努力才考入大学，而如今却面临着功亏一篑的风险。这一切真的值得吗?"刘老师的这番谈话让他们顿悟了。慢慢地，他们从游戏好友变成了学习"死党"，在寒假中互相监督对方把上一学期落下的功课补回来，并为来年的学业提升做充足的准备。

预期效应

预期效应是指在现实生活中，个人在对事物具有一定认知的前提下，主观期望可以明显改变对该事物的判断，从而对周围的环境、人和事物做出一个预期，继而产生不同的结果。

1928 年，心理学家廷波克对猴子做了一个辨别任务的实验：爱吃香蕉的猴子在箱子里找到香蕉后，会愈发卖力寻找；但当它们找到的是不爱吃的莴苣时，就会吼叫以发泄不满。从这个实验可以看出：在预期方向是正确的前提下，如果实际与预期相符，将加强预期的作用力和可信度。如果预期良好而实际与预期不符，将给人带来认知失调，从而改变原先惯有的行为。在预期没有实现，即奖励物不如预期的奖励物时，不仅不能保持原有的操作水平，还会降低操作水平。这便是预期效应产生的后果。

预期效应在案例中的体现

在该案例中，预期效应对小周的影响主要体现在两个方面：一是小周在其父母错误的引导下产生了对大学生活的消极预期，即大学享乐至上的理念。因此，他在上大学后，一直在向自己认为很美好的预期而实则错误的预期靠近，最终得到的是考试成绩不理想甚至挂科的结果。二是在刘老师的教导下，小周、小王认识到了自己之前对大学的认知存在错误，从而对大学生活有了正确的预期。在他们的共同努力下，实际和预期渐渐画上了等号，他们对自己的生活也愈发充满干劲，将预期效应的积极作用淋漓尽致地展现了出来。

工作思考和建议

无论是进入大学，还是今后步入社会，预期效应给我们最大的启示就是：怀正确的预期，抱最坏的打算，做最大的努力。预期是影响我们情绪和状态的重要因素。当某个结果高过我们的预期时，我们感到高兴，从而愈发努力向上；但当某个结果低于我们的预期时，我们就会感到失落甚至愤怒。所以说，当我们面对未知的事物时，倘若抱着极高的预期，势必会因现实与理想的差距过大而烦恼。

因此，为正确理解预期，我们要做到如下三点：第一，怀正确的预期。不同的人应对生活抱有不同的态度。有些人懒惰，觉得无所事事、好吃懒做就是自己想要的生活；有些人勤奋，觉得轰轰烈烈、敢拼敢搏才是真正的人生。身处"撸起袖子加油干"的时代，我们应该将奋发向上作为正确的预期方向。第二，抱最坏的打算。理想很丰满，关于未来，许多人都充满着期待。但越是美好的预期，就越是难实现；越是难实现，实际与预期的差距就越大；两者的差距越大，对人内心的打击就越大。所以，我们为何不抱"最坏"的打算，缩短实际与预期的差距，让自己过得高兴呢？第三，做最大的努力。环境从不因个人而改变。当发现预期和实际的差距时，除了感到失落，我们更应该做最大的努力来改变实际。做最大的努力，将实际一点点改变成我们期待的样子。

半途效应

——引领学生超越障碍

张同学来自农村，其父早逝，家里还有母亲和两个有智障的弟弟。自入校以来，他学习一直不认真，沉迷网络，屡经教育，却不思悔改。毕业在即，张同学拒绝撰写毕业论文，辅导员和相关领导对其进行多次教育、提醒和催促，但他仍不改正。张同学曾写下保证书，保证在两周之内完成毕业论文初稿，但努力了两天之后发现写起来比较困难，于是又对毕业论文的撰写不理不睬，对老师的要求置若罔闻。这影响了学校的正常教学，也在学生中产生了不良影响。

张同学极有可能拿不到毕业证和学位证，他心里明白自己不仅前途暗淡，而且无颜见父老乡亲。这样的压力使他消极厌世，声称要在毕业晚会以后自动消失，在这之后的日子也常流露出轻生念头。

张同学的情况引起了相关领导和老师的高度重视。辅导员要求全班同学关注张同学的情况，找了两名党员作为联系人，及时了解其思想、学习和生活情况，发现问题就及时做好工作。辅导员多次和张同学谈心，经常在QQ、微信上聊天，这样缩短了师生之间的距离。他渐渐对辅导员产生了信任感。辅导员一直和他保持联系，让他觉得有人在关心他。慢慢地，他开始愿意与辅导员说自己的事情。在情感交流的基础上，辅导员开始对张同学进行适当的教育，重点是励志教育，除了讲大道理，还举了很多实例，激励他战胜贫困、战胜自己，做一个有毅力、负责任、对社会有用的人。

同时，辅导员还动员一切可以动员的力量来帮助张同学：一是与科任老师和论文指导老师联系，请老师们督促他按时认真上课和写好毕业论文。二是与宿舍管理员联系，请宿舍管理员经常和他交流，留意他在宿舍的表现。三是做好室友的工作，由于张同学生活习惯不好，不讲究卫生，让人一看就不想接近。辅导员劝说其室友不要嫌弃他，并要求他们主动帮助和关心他，让他感受来自同学的关怀和温暖。四是向家长反馈相关信息，争取家庭教育的配合。五是帮他联系工作。张同学每次想到自己可能找不到工作就感到绝望。为了增强其信心，辅导员与负责西部计划的老师联系，帮他找到了一份工作。辅导员通过动员这些力量，为张同学营造了一个充满温馨的生活空间，逐渐使其提高学习和生活的积极性，不再半途而废。

由于老师们没有灰心，而是针对问题所在，引导他看到希望，帮他找到各种解决问题途径，他的情绪逐渐稳定了下来。最终，经过老师坚持不懈的努力，张同学通过了全部考试，论文答辩也顺利通过。

半途效应

半途效应是指在激励个体的过程达到半途时，由于心理因素及环境因素的交互作用而给目标的顺利实现产生负面影响的情况。大量的事实表明，人的目标行为的中止期多发生在"半途"附近，人的目标行为过程的中点附近是一个极其敏感和极其脆弱的活跃区域。

导致半途效应的原因主要有两个：一是目标选择的合理性，目标选择得越不合理越容易出现半途效应；二是个人的意志力，意志力越弱的人越容易出现半途效应。

半途效应在案例中的体现

我们在劝说一个人坚持一件事时，总会和他说，你多努力一点点，不要半途而废，可见半途的坚持并非一件简单的事。在案例中，半途效应主要体现在以下几个方面：

1. 个体自身因素的负面影响

他受生活环境及家庭条件等各方面因素的影响，心理素质较差，意志力较弱，进入大学后，在自由氛围的影响下，他更是很轻易地就网络成瘾。而在克服网络成瘾的过程中，由于现实和网络的差别过大，导致他容易半途而废，或者在稳定一段时间后又"旧病复发"。

2. 辅导员及时规避了半途效应的负面影响

辅导员在对张同学进行教育的过程中始终保持耐心，而张同学不知悔改。在张同学半途而废的时候辅导员却没有半途而废，始终以强烈的责任心去面对，循循善诱，坚持不懈，最终帮助张同学战胜了困难。

工作思考和建议

进入大学以后，绝大多数学生都能继续勤奋学习，但也有不少学生偏离了轨道，因经受不起一点小挫折而一蹶不振，努力到一定的时候没有成功就轻易放弃，从而引发一系列的问题。但学生毕竟涉世未深，遇到这种情况靠自己调节几乎是不可能的。要帮助这样的学生重新找回意志，教育管理工作者要有足够的爱心，善于运用各种方法获得学生的信任。在该案例的处理过程中，辅导员利用该同学沉迷网络的特点，使用QQ、微信等网络社交软件和他交流，让他感受到网络与现实之间存在的联系——两者并不是孤立的。辅导员从多方面去关心他，逐步建立起相互信任的关系，使张同学愿意向辅导员表达自己的情感和想法，辅导员坚持不懈，帮助该生克服了半途效应的再度发生，使其重拾信心，顺利毕业。

面对大学生中由于半途效应引起的诸如丧失信心，失去意志，不能顺利完成学业等种种问题，教育管理工作者应善于发现，找到问题的症结所在，想办法帮助学生找回信心和树立顽强的意志。

1. 以情感教育为基

人的内心深处，总是渴望得到关怀、重视、尊重和信任。其实，仅一次用心的交谈都有可能唤起学生内心较大的触动。这种看似随意的谈心和聊天之中进行的心理咨询和引导，有利于学生逐渐建立起和谐的心理秩序。爱因斯坦在《论教育》中说："学校永远应该以此为目标：学生离开学校时是一个和谐的人，而不是一个专家。"用和谐的方法培养和谐的人，就需要待之以诚，这既是当代大学生思想政治教育的现实要求，也是构建和谐社会的客观要求。

2. 以说理教育为辅

针对此类案例，在有了感情作为基础的前提下，还需要以学习目的、学习态度、学习方法以及人生的意义、责任感的教育为辅，其中，重点是进行励志教育。在进行说理教育的同时，可以将这些道理在学生的生活中加以强化，在实践中加以运用，以期帮助学生树立积极向上的品格。

3. 要善于构建一个社会支持系统

针对缺乏意志力的学生，教育管理工作者要善于发掘各种力量，共同教育，这有利于取得更好的效果。如发挥学生党员的作用，与宿舍管理员和网吧经营者进行沟通，与学生身边的同学进行交流，和家长取得联系，进行全过程、全方位的教育，形成教育、帮助学生的社会合力。

4. 要提高自身心理素质，坚持不懈

在努力过程中产生半途效应的学生，相应也会产生一系列心理问题，对情况严重的学生，其转化工作具有长期性、反复性的特点。这就要求教育管理工作者自身要有良好的心理素质，只有用耐心、细心、爱心，坚持不懈，才能取得良好的教育效果。

酸葡萄与甜柠檬效应

——尊重他人，接纳自己

「**案例回放**」

小杨是一名大四学生，临近毕业，四处求职。她本以为自己本科所学的专业比较热门，自己四年学习成绩优秀，每学年都获得奖学金和社会实践活动表彰，还获得过优秀学生会干部和优秀学生的荣誉称号，加上自己仪表、谈吐也有很大的优势，应该可以在大城市找到一份比较满意的工作。

但是，她却在多次招聘面试中与机遇失之交臂。本来想进比较有名的大企业做白领的她，却迟迟没有得到消息。最后，家乡的一所中学有意向录取她。小杨家乡地处西部偏远小城市，环境与大城市相差甚远。

但是小杨最终还是无奈地回到家乡担任了中学教师。当室友问起她时，她也有自己的一套理由，她告诉室友：教师工作比较稳定，比较适合女孩子；在大城市工作特别是在公司上班压力太大了，每天面临竞争被淘汰出局的危险。而现在，自己在家乡小城市工作很有优势，自己是名牌大学优秀大学生，领导比较重视，再加上自己也比较努力，各种荣誉和进修深造的机会会随之而来，以后是会有很大的进步空间的。她的室友也觉得这样比较在理，认为只要她自己满意就好。随着解释次数的增多，小杨发现自己越来越喜欢自己的乡村教师工作了，也为自己响应了国家号召而感到自豪。

酸葡萄与甜柠檬效应

《伊索寓言》中有这样一个故事：一个炎热的夏日，狐狸走过一个果园，停在一串透亮而多汁的熟葡萄面前，狐狸想："我正感到口渴呢。"然后，他后退了几步，向前一冲，跳起来，但未能够到葡萄。狐狸后退又试，一次，两次，三次，都没有成功。最后，它决定放弃，抬起头，不屑地说："我敢肯定它是酸的，还不如吃我家里的柠檬呢，那还有点甜味。"后来，狐狸的这种心理被称为"酸葡萄与甜柠檬"心理。它主要是指当个体的需求不能够得到满足时会产生挫折感，并且会因要维护自尊引起焦虑等负面情绪，进而会有意造一些"理由"安慰自我，以减轻压力，保护自己免受伤害的心理。

在日常生活中，当我们放弃了对某事物的追求后，为了淡化自己内心的不安，往往也会如狐狸一样，找一个冠冕堂皇的"理由"。

酸葡萄与甜柠檬效应在案例中的体现

案例中的小杨的想法完整地体现了"酸葡萄与甜柠檬"心理。

1. 说出了大城市的弊端，体现了"酸葡萄"心理

"酸葡萄"心理是指将自己努力去做而得不到的东西说成是"酸"的，是不好的，这种方法可以缓解一些压力。比如：别人有一样好东西，我没有，我很想要，但实际上我不可能得到。这时不妨利用"酸葡萄"心理，在心中努力找到那样东西不好的地方，说那样东西的"坏话"。

2. 说出了家乡小城市的优势，体现了"甜柠檬"心理

"甜柠檬"心理就是认为自己的柠檬就是甜的，"甜柠檬"是指认为自己拥有而摆脱不掉的东西就是好的。每个人都有自己的优点，都有自己的优势，也都有自己的特点，千万不要轻易说自己这不好，那不如人，不妨试试"甜柠檬"心理，学会接纳自己，逐渐增加自信。

工作思考和建议

大学生正处在青年时期，他们的独立心、自尊心、好胜心在逐渐增强，情绪波动较大，常常会因为学习和生活中的一些事情而大喜大悲，还有很多学生会将这种心态隐藏在心里，但实则心里情绪波动非常大，这对他们的成长会产生极大的危害。

高校教育管理工作者要适时地引导学生学会自我补偿，不要拿别人的长处和自己的短处比，也不能总是拿自己的长处和别人的短处比。同时，高校教育管理工作者自身也需要提高心理素质，在工作中懂得适可而止，在面临难以获得的"葡萄"时要学会适当地自我安慰。

高校教育管理工作者在运用酸葡萄与甜柠檬效应教育学生时要注意以下两点：

一是运用酸葡萄与甜柠檬效应的积极影响。缓解心理压力的实质是用似是而非的理由证明行动的正确性，掩饰个人的错误或失败，以保持内心的安宁。应该肯定，合理化作用具有明显的积极教育引导意义。酸葡萄与甜柠檬效应是一种应对挫折的心理防御形式，当学生尤其是好胜心过强的学生受到挫折后，适当地应用，能减轻心理压力。如果学生过分沉浸在由于困难或目标未实现而导致的心理不安、紧张乃至消沉的负面情绪中，教师可运用酸葡萄与甜柠檬效应，帮助他们摆脱焦虑、及时调整心态、确立下一阶段的目标。

二是抑制酸葡萄与甜柠檬效应的消极影响。作为引导学生全面发展的教育工作者必须看到，在很多情况下，酸葡萄与甜柠檬效应的消极影响也是显然的。为自身所受挫折找寻借口，学生明知自己的缺点和问题却不能正面、理性地面对，这不仅无助于问题的解决，还会导致个体自我萎缩，形成不良的道德意识和行为习惯。另外，这种心理容易蜕化学生的奋进意识和正面看待事物的习惯，易落入恶性循环而无法自拔。

所以，在大学生的教育管理过程中，教育管理工作者要善于进行合理的教育引导，教会学生正确看待事物的多面性，只有这样才能让他们在生活学习中游刃有余。

一把手效应

——引导学生正确定位

　　小光是某校信息院 2017 级学生，刚进大学时成功竞选为班级团支书，满怀工作热情，组织策划了多次团日活动，深受辅导员、同学的好评。大二时，在班级同学的支持、推荐下，小光担任了班长一职，全面组织班级工作。

　　小光当上班长后的第一件事就是组织全体班干部开会。在会上，小光一改往日的"嬉皮笑脸"，而是正襟危坐地向参会干部宣讲自己的"施政计划"，给每位同学都下达了学期工作任务。会议期间，小光没留时间跟大家一起讨论，认为所有工作都得按他的意思去做，其他班干部只能贯彻执行。对此，其他班干部十分不解，以前的小光不是这样的啊。在担任团支书期间，他每次组织开展活动都会征求班长和班级同学的建议，事先做好活动策划，再拿来跟班干部、学生代表一起讨论。怎么刚当上班长的他就变了呢？大家讨论的结果是，小光当上班长后，感到心理压力大，肩上责任重大，生怕做不好工作，也许是一种负责任的表现。

　　为了让学院、学校团学会知道自己在班上所做的工作和现实表现，小光积极配合学院、校团学会，经常主动承办一些大型活动。有些活动要凑人数，原本要求每个班出 10 个人，小光硬要全班同学参加，班干部除了要做好常规的工作，还要额外承担不少任务。每次活动搞完后，小光都不会给大家说一些感谢的话，而是跑到学院、学校相关部门去邀功。班上同学这下明白了，小光已不是当年的小光了，他变了，俨然成了学生官僚，对他不满的情绪也日益增多。第二学年末，班上推选校优秀学生干部。结果出乎小光的意料，他的支持率还没超过一半，团支书得了第一。

虽说小光的工作没有得到班上大部分同学的支持，但辅导员、院团委书记对他还是颇为信任，认为他工作能力强，业绩突出，一致推举小光成功竞选上了院学生会主席。当上院学生会主席后，小光的"官僚"作风更为显著，团学会 20 多名学生干部几乎成了他的"兵"，随时受他差遣。几个月下来，团学会干部对他也是满腹怨言，并影响了整个团队的合作。辅导员对此看在眼里，急在心里，多次找小光谈话，直接、间接指出他存在的问题，规劝其改正。多年的学生干部经验使得小光已经养成了"一把手"作风，并转化不过来了。团学会干部及其他同学对他不满的情绪日益强烈，半年后，小光不得已辞去了院学生会主席的职务。

一把手效应

一把手效应是指某些人在企事业单位当上"一把手"后，给单位带来的各种影响，和在争当"一把手"过程中常见的社会现象。在权力过于集中的单位或群体内，事无巨细，一般都是一把手做主。

常见的一把手效应是：在每年的干部调整中，领导者对群众的"讨好"，以加重"民意调查"的砝码；领导者对上级主管部门的"讨好"，以利于争夺"一把手"的位置。一旦当上了"一把手"，那么，马上会显示出"一把手"的派头，个别人会立即展现"一把手"的作风，包括制造"小鞋效应"和各种补偿心理致成的"主子效应"——比上届"一把手"更"一把手"。一把手效应是典型的官僚主义作风。

一把手效应在案例中的体现

一把手效应是一种消极的心理效应，在该案例中主要体现在以下几个方面：

（1）在小光担任班级团支书时，做事认真负责，能尊重班长、班级同学的想法和建议，保持民主作风，颇得同学信任。

（2）但当他当选班长后，"一把手"作风开始显露。开会时的专断，甚至于活动开展完后不是第一时间去给同学们报以感谢，而是去领导老师面前邀功请赏。在其成功竞选院学生会主席后这种官僚作风展露无遗，他完全不把与自己同级的同学当成伙伴，而是当成任自己调控的下属。一把手效应不仅给学院学生工作带来了麻烦，也给小光本人带来了不利影响。

工作思考和建议

受传统的官本位思想影响，在大学生群体中，有部分学生善于"政治投机"，通过采取一定的手段获取班级同学、学院领导老师的信任。担任班级、学院、学校学生干部，把自己当成"官""一把手"，把学校当成官场，形成一把手效应，影响班级、学院学生的团结，把原本纯洁的人际关系沾染上社会上钩心斗角、迎风拍马的不良习气。

近年来，高校中个别学生干部官僚气息浓厚，有的学生会、学生社团正逐渐偏离其原有的功能和价值。因此，高校教育管理工作者需教育学生准确定位学生干部身份，明白学生组织只是锻炼能力、服务他人的平台，应引导学生以人生价值追求、实现为最终目的，避免将学生打造成职业活动家、培养成学生官僚。

同时，学生干部也要避免自己陷入官僚主义陷阱当中，做到和同学相处时保留相互之间的尊重，因为只有相互尊重才能带来良好的沟通效果。

势利眼效应

——善待身边的平凡人

「案例回放」

孙同学是一名来自偏远农村的大学生，父母离异，他和父亲生活在一起。父亲身体不好，只能靠给人打短工来维持生活，日子过得紧巴巴的。为了让孙同学继续上学，父亲咬着牙关借钱让他上了大学。因为家里经济拮据，踏进大学校门之后，孙同学就特别在意自己与别人的不同。入学后，他做的第一件事情就是寻找勤工助学的机会。皇天不负苦心人，他找到了一份家教工作，每周日去给一个初中生补习英语和数学，有时还兼职做推销，这样生活费就有了保障。

然而，家教工作一波三折。他因为没有钱交押金而被中介机构刁难，多亏了辅导员的帮忙才能够在家教中介注册。终于等到了好消息，也是工资颇低。头一次去学生家里做家教时，孙同学因衣着寒酸而被学生家长冷嘲热讽，家教的学生考试不及格，其家长也将这股怨气洒在他的身上，怪他没有水平、误人子弟……孙同学自认为没有资格去谈条件，为了学业他忍受着担任家教过程中的各种压力甚至是羞辱。但是他所做的努力仍然不能阻止事情的进一步恶化，在一个大雨倾盆的晚上，学生家长以莫须有的失窃为由，辞退了对待家教工作一丝不苟的孙同学。

不仅家教工作进行得不顺利，他与同学之间的关系也变得十分淡漠。

与同学相比，他是那么寒酸：吃的是最便宜的菜，穿的是过时的衣裤。有的时候，听室友们谈论哪个品牌最好、哪家餐厅最火，他也总是插不上话。其实他也想与大家谈谈心，可是他话未出口时室友们就抛下一句："你懂什么！"所以他时常低着头，就像一个做了错事的孩子，把所有的时间都安排得满满的，除了学习他从来不让自己考虑其他的事情。当他终于用自己兼职赚来的钱买了一台新手机时，同学们就议论纷纷说他奢侈；当由于成绩不大好的他考试拿了高分时，"抄袭"这个极具侮辱性的标签又被无情地扣在他身上；当宿舍有什么东西不慎丢失时，他总是第一个被盘查的对象。

势利眼效应

势利眼效应是一种比较普遍的社会效应，就是说，对于有权、有势、有名、有钱等眼下用得着的人，人们倾向于认同、赞赏；而对于无权、无势、无地位，甚至是落魄、失败等眼下用不着的人，则采取歧视、排斥的态度。

这是一种几千年等级社会造成的根深蒂固的社会效应。"人在人情在""人一走茶就凉""用人朝前，不用人朝后"，这就是社会病态，也即势利眼存在的合理性社会根源。如若看透了这一点，对此还有什么困惑与苦恼呢？对待势利眼者，最好的方法莫过于自己活得快活，活出名堂。既然势利眼这么普遍，我们就不要太在意它。我们在低谷时，只要有必胜的信念，让别人诋毁、诽谤、讽刺、嘲笑好了，自己仍要沿着目标，快乐地生活、奋斗。一旦自己成功时，切勿被势利眼弄得晕头转向，要时刻保持着清醒的头脑。

势利眼效应在案例中的体现

势利眼效应在本案例中有着较为深刻的体现：

(1)势利眼是影响家庭经济困难学生身心健康发展的重要阻碍因素，对家庭经济困难学生正确人生价值观的培养引导有着极为消极的影响。孙同学是一位典型的家庭经济困难学生，来自农村，没有特殊背景，读书成绩一般，视野也很局限，没有高人一等的优越感，只剩顽强拼搏的毅力。

（2）家庭的不幸成就了孙同学坚忍不拔的个性，他父亲宁愿日子过得紧张也希望他能够上大学。他从一片荆棘中走来，承载着家庭的期待，但是"势利眼们"却没有放弃对案例主人翁的围攻。他在校外寻找工作时，体会到了社会势利眼的威力，因为没有钱被中介刁难，因为没有钱被学生家长侮辱，因为没有钱不得不忍受社会刻板的目光对他的烧灼；在校园中学习生活时，他同样被势利眼弄得伤痕累累，因为没有钱他生活得相当低调，因为没有钱他买个新手机都要被人指点，因为没有钱他无法和室友们谈心，因为没有钱他承受着巨大的精神压力。

（3）因为他没有跳出顺应着别人失范的目光建构起来的圈，无法明白这些痛苦并不是自己的过错，而是外界强加在他身上的。在本案例中，家庭经济困难只是外在诱因，但并不构成大学生自卑、抑郁、焦虑、自我封闭的充要条件。这些微小因素是在旁人的势利眼效应下逐渐积累起来并产生恶劣的影响的，假使同学对他多些帮助，老师对他多些支持，这样的事情也是不容易发生的。

工作思考和建议

这个案例从外部因素对家庭经济困难学生问题做出了新的解释，引发我们对此类案例重新思考。"你无法选择出身，但可以选择自己"，家庭经济困难学生应该减少对命运不必要的抱怨，贫困的出身并不构成堕落的理由，而应该成为奋起拼搏的动力。势利眼作为一种人类的"专利产品"，对家庭经济困难学生往往会起到极大的攻击和误导。而势利眼往往源于社会的刻板影响，"势利眼们"倾向于从衣着上对人的身份妄下定论，从此时的情况胡乱推测别人未来的发展前途，这些言行举止是不负责任的。那么，对于家庭经济困难学生在校园学习生活中因势利眼效应而产生的不幸遭遇，高校教育管理工作者可以从以下几方面着手，帮助他们走出困境。

1. 积极营造平等和谐的校园文化氛围，杜绝势利眼滋生

著名精神分析学派代表人物弗兰克这样说道："作为一个人生活的基

本要件,即在于了解并坚守生活中的责任,能够对自己和他人负责地生活,这是有意义的生活。"因此,在校园文化的构建过程中一定要融入坚守责任和尊严的学习生活理念,摒弃戴着有色眼镜对待任何一位学生。

2. 引导家庭经济困难学生树立健康态度,从内部根除认识误区

贫困是一些学生必须跨过的一道坎,也许因为经济原因自己在起点落后其他人一步,但是"雄关漫道真如铁,而今迈步从头越",只要坚持纯真的抱负和远大的理想,贫困就将成为前进的助推器,生活中要多些理性的思考,不要为身旁有意无意的干扰迷失了方向。

3. 千方百计提供锻炼机会,多渠道帮助解决困难

家庭经济困难学生的困难往往不直接在于"钱",而是由"钱"派生出来的各种心理压力。正如案例中的孙同学的心理困惑,辅导员一定要重视此类问题,深入学生当中,在做良师的同时也不忘承担起益友的角色。对家庭经济困难学生进行教育一定要注重方法技巧,可以通过为学生提供勤工助学岗位、推荐学生参加集体活动,在提供展现自我平台的基础上帮助他们树立正确的世界观、人生观和价值观,让他们走出自我封闭的圈子,重新体味大学的美好。

瓦拉赫效应

——取长补短，因材施教

李同学是某大学 2017 级法学专业的学生。带着一把吉他和一个轻便的行李，这位四川小伙便独自一人来到了大学。他刚入学便在迎新晚会上崭露头角，他的名字很快就在校园里面传开。后来更加一发不可收拾，频繁地出现在各类文艺演出的舞台上的他又组建了自己的乐队，让自己彻底遨游在追逐特长的自由校园环境中，但也许是太沉迷于音乐，致使他的学业频频亮"红灯"。

辅导员得知他的情况后一直提醒他要分清主次，将对音乐的注意力和兴趣分流到学业中来，可以在学有余力的情况下搞音乐。虽然成绩始终不大理想，但辅导员从来没有放弃这名"特殊学生"，坚持帮助他、鼓励他、督导他，并且和他家人取得联系，希望通过学校与家庭的协调配合做他的思想工作。

李同学处在尴尬的学业处境、温暖的老师记挂和殷切的家庭期盼环境之中。大三刚一结束，李同学就下定决心，要将以前欠的债补回来，用功读书不让家长和老师失望，要让自己充满着音乐魅力的大学生涯不留下一丝遗憾。"老师，我想好了，我一定要努力学习！"他红着眼圈向辅导员表达了自己的决心。辅导员帮他查课表、报重修，督促他努力学习。经过努力，他获得了政法学院"十大特色人物"称号，一切似乎都朝着好的方向发展。可是，过大的学业压力，过重的心理负担，以及忍痛放弃吉他、远离音乐给他造成了痛苦煎熬，他成了一名重度抑郁症患者，多次有轻生的念头。最终，他决定放弃学业、带着自己的音乐到外面闯荡。

在他离别前，辅导员和他进行了最后一次谈话。辅导员还是一如既往地相信他，暗自痛心却仍然执着地挽留。李同学用"老师，您就当没有我这个学生吧！"来表达对辅导员深深的愧意。而此时的辅导员灵机一动，用巧妙的话语应对李同学此时的绝望无助："你永远是我的学生，我觉得你没有必要将自己未来的出路堵死，机会永远会眷顾百折不挠的人，你可以申请休学去外面体验，当你回来时什么都会明白的，这是老师与你的约定！"听从了辅导员的建议后，李同学豁然开朗，如释重负地走出了辅导员办公室。他申请了休学，学校同意保留他的学籍。

瓦拉赫效应

瓦拉赫效应是指人们的智能发展是不均衡的，都有智能的强点和弱点，他们一旦找到自己智能的最佳点，使智能潜力得到充分发挥，便可取得惊人的成绩。

奥托·瓦拉赫是诺贝尔化学奖获得者，他的成才过程极富传奇色彩。在瓦拉赫读中学时，父母为他选择的是一条文学之路。不料一个学期下来，教师为他写下了这样的评语："瓦拉赫很用功，但过分拘泥。这样的人即使有着完美的品德，也绝不可能在文学上发挥出来。"此后，他改学油画。可瓦拉赫既不善于构图，又不会调色，对艺术的理解力也不强，成绩在班上是倒数第一。学校的评语更是难以令人接受："你是绘画艺术方面的不可造就之才。"面对如此"笨拙"的学生，绝大多数老师认为他已成才无望，只有化学老师认为他做事一丝不苟，具备做好化学实验应有的品格，建议他试学化学。他父母接受了化学老师的建议。这下，瓦拉赫智慧的火花一下被点着了，文学艺术的"不可造就之才"一下子变成公认的化学方面的"前程远大的高才生"。

瓦拉赫效应在案例中的体现

在这个案例中，辅导员较娴熟地发挥了瓦拉赫效应对大学生思想政治教育的积极影响，将"不抛弃、不放弃"原则摆在了首位，体现在如下方面：

（1）从李同学在学院迎新晚会上崭露头角，辅导员就开始关注这个热爱音乐又极有音乐天赋的学生，悉心观察着这位特殊学生真正的兴趣点。随着李同学组建乐队，他在学校施展音乐才华的舞台越来越大、占用的学习时间越来越长、学业上的"红灯"越来越多。辅导员敏锐地感觉到这样下去对李同学今后的成长发展十分不利，所以不断提醒他在学业和爱好之间分清主次。辅导员在这期间所做的与其说是对李同学学业上的正确教育，不如说是借助沟通建立起的情感桥梁去善意地指正学生应有的真正智能点何在。在家长和老师的通力配合下，李同学终被辅导员的关心所感动，他明白了辅导员在他身上倾注的如此多的心血和精力只为求得浪子回头，所以在大三暑假结束还未开学之时，找到辅导员表明了自己的决心，"我一定会把以前欠的债补回来，争取如期毕业"。辅导员动之以情、晓之以理的柔性教育方式收到了良好的效果，并没有采取简单的道理说教，而是从该生的个性特点出发，让其感受到顺利完成学业对家庭、学校、自身成长的重要性。

（2）这一教育过程虽然有了很大的起色，但是对音乐的渴望甚至于煎熬，过大的学习压力使李同学不堪重负。他为了追求自己的梦想决定放弃学业。辅导员并没有只看到李同学学习这个薄弱的环节，同样也为李同学追求音乐梦想的毅力和信念深深地折服，于是最终也想让李同学在实践中真正了解智能的最佳点何在，依照瓦拉赫效应对学生的闪光点给予尊重，为学生发展的优势方向提供良好的建议。虽然结局不是皆大欢喜，但同样不能以单纯的失败来定义，毕竟李同学知道了学习是什么。辅导员的思想工作没有付诸东流，辅导员和学生的约定也许成就的是音乐领域的"瓦拉赫"。

工作思考和建议

歌德曾说过"如果是玫瑰，总是会开花的"，事情总是会有其多面性。当这朵玫瑰注定是紫色的时，无论如何引导压制都是无法长出殷红的花瓣的，适得其反的要求反而会使玫瑰丧失最纯真动人的美丽。只有让其充分地生长在最适合自己的土壤中，玫瑰才会有生命璀璨的艳丽。在高校教育管理工作中也是如此，学生学习成绩差并不意味一无是处，只要善于挖掘他们身上的长处，"差生"也会有令人骄傲的闪光点；只要老师们对他们有始终不变的信念和不离不弃的关怀，他们的内心也将犹如春风吹过。

当今的大学校园是一个追求个性独立、兴趣多样化氛围非常浓郁的地方，教育管理工作也必须从这一特点出发，结合实际情况，多手段、多渠道、多平台地去引导大学生将自己的特长和爱好紧密结合起来，同时树立正确人生价值观，将个人的兴趣爱好、专业特色和社会需求结合起来实现真正的人生价值。为学生的成长成才打造合适的土壤，引导人、培养人、完善人、升华人，才是所有高校办学的初衷和最终理想。针对学生兴趣爱好与正常学业相冲突的现实情况，教育管理工作者应该从以下几个方面入手：

1. 树立宽容的育人理念

蔡元培先生曾提出"思想自由，兼容并包"的理念。高校应该发扬"和而不同"的思想观念，积极营造宽容的育人氛围。大学生追求个性发展、兴趣广泛，既是自身发展的需要，更是时代潮流的必需。社会发展是多元的，学生的发展要紧跟时代步伐。对学生的培养也需要多元化，只有营造宽容的文化氛围才能让学生全面地发展以适应社会需求。与此相适应，辅导员要树立宽容的育人理念，宽容学生的个性发展，引导学生利用好、发挥好自己的个性并走向成功。

2. 确立人性化的管理理念

辅导员要急学生之所急，需学生之所需，对学生遇到的困难、挫折的处理更要从工作机制上来解决问题。如辅导员可建议学校设立特殊学生的特殊申请审批制度，让更多的学生有实现自己梦想的机会。

3.培养健康的心理理念

学生心理健康教育一直是高校教育管理工作的重中之重。大学生作为非社会群体，除了面对考试压力、专业压力、恋爱压力之外，还将面对诸如就业压力、家庭压力、经济压力等一系列的社会压力，这与大学生群体的非社会性是相矛盾的，故必须培养大学生良好的心理素质，增强其抗挫折能力，开拓压力排解新方法，积极引导学生树立乐观成熟的心态。

仰八脚效应

——做一个不那么完美的学生

「案例回放」

小徐是同学眼中的气质美女，学习优秀，也很能干，不足之处是有点清高。在校期间大家都叫她"冷美人"。小徐毕业后当了辅导员并兼任一个班级的班导师。她一直很努力，对学生管得比较严格，平时害怕在学生面前出现一点差错，力求将工作做得有条不紊，曾多次获得院级、校级的荣誉。然而，她很困惑，为什么自己投入了那么多时间和精力在学生身上，却得不到学生们的喜爱呢？

她决定去找学校的一位心理咨询师咨询一下。咨询师讲的道理让她有所感触：平时，老师们兢兢业业地备课，小心谨慎地讲课，用心地对待自己的学生们，尤其是刚工作的年轻老师，更是将自己的全部热情奉献给了这一岗位。但是，为什么他们却很难得到学生们真心的喜爱呢？学生看到老师，往往就像老鼠见到猫一样能躲就躲，能藏就藏，在校外碰到的时候更是一溜烟地装作不认识逃开了，甚至会对老师产生敌对情绪，特别是身为班导师，如果处理不好，很容易让学生反感。为什么会发生这种情况呢？

其实，学生们并非不尊敬老师，也很少有学生真的讨厌那些把热情投注他们身上的老师们。他们在老师面前表现出疏离的样子，往往是因为老师的形象过于完美，让他们不能接近。小徐听了这一番话，仔细地回想了一下自己平时的工作，确实是做得"天衣无缝"，怪不得学生"敬而远之"。

经过自己的调整，事情的转机来了。一次开班会时，徐老师穿了一双高跟鞋，由于平日操劳过度，在上讲台前不小心摔了一跤。结果，很多同学冲上来扶她。班会结束后，居然有几个同学主动找她聊了一会，她感到心情放松多了。之后，和她沟通的学生也逐渐多了起来。

仰八脚效应

有研究者曾做过一个现场试验，他安排了三位演讲者进行演讲，而且三个演讲者分别给同一批人做演讲。第一个演讲者上台以后，形象落落大方，言语流畅，演讲内容清晰连贯，而且整个场面控制得非常好，富有激情和感召力。

第二个演讲者表现得非常拘谨，演讲的内容也缺乏新意、平淡无奇，和第一位演讲者形成了强烈的反差。

第三位演讲者也像第一位演讲者一样轻松大方，而且演讲的时候也激情澎湃，很有感染力，不同的是他在演讲时出现了一些小的口误。

事后调查时，听众们普遍表示更喜欢第三位演讲者。

按理说，第一位演讲者的表现比其他两位都出色，可偏偏出现了口误的第三位演讲者最受欢迎，这是为什么呢？其实，相对于那些表现非常完美的人，稍微有一点儿小问题的人更加讨人喜欢。这是因为人们在表现完美的人面前都会感到自卑，觉得自己和这样的人相比简直太糟糕，担心自己可能会被这样的人拒绝，或者会不小心说了错话而让自己没面子，从而认为那些完美的人是不可接近的。日常生活中，我们把这种觉得别人形象过于完美，自己不愿接近的现象叫作仰八脚效应。

仰八脚效应在案例中的体现

案例中徐老师的过分小心、谨慎使学生产生了仰八脚效应：

(1)对学生要求太严格，容易让学生产生敬畏感，不愿意与老师接近。

（2）表现得太过完美。人们虽然敬佩具有能力和成就的人，但对这些人总有些敬而远之，因为人们担心他们十全十美，自己会相形见绌。

（3）故意"出糗"拉近了与学生的距离。平时看似十全十美的人偶尔有意当众丢一次面子，似乎更容易拉近与他人的距离。作为班导师或者辅导员，其实并不需要整日谨小慎微、生怕有一点儿小错误，也不需要刻意表现得很完美。

老师在学生面前捍卫尊严是必要的。但是，有的时候也可以稍微放松一点。一些小破绽可以拉近老师和学生的距离，也可以调动起学生更多的、属于他们自己的力量。一个小的纰漏，可以让学生去发现、让学生和老师一起探讨，让学生觉得辅导员是他们身边实实在在的存在，是陪伴他们成长的师长和朋友。这样，老师就可以更加接近学生，倾听他们的心声，激发他们的动力。

工作思考和建议

仰八脚效应对大学生教育管理工作的启示是：在教育管理工作者与教育对象之间平等民主关系的形成过程中，教师自身的人格吸引力是一种特殊的影响因素。观察发现，在其他条件基本相同的情况下，如果一个教育管理工作者的能力越强，学生对其教学越有信任感，也会更喜欢他。但是，决定人际吸引的因素更多的是人的情感。当能力强的教师偶尔出现错误——写字的错误、记忆的不准确以及行为上的偏差，往往会引起学生情感的奇妙变化，感到教师更容易亲近，进而促进教育中平等与和谐人际关系的形成。所以，高校教育管理工作者要提高自己的人格吸引力，适当地犯下一点不会影响在学生中威信的小错误，有时能达到良好的教育效果。

我国有着悠久的尊师重教的传统，由于受这种传统教师观的影响，不少教师把自己当作真理的化身，认为自己事事正确。特别是一些能力强的教师，总想维护个人的权威。他们还不了解，出点小错误会使他们更具有人格吸引力，学生也会更喜欢他们。老师如果掩盖错误，就成了一个真正存在的问题——那将是一处教育过失。对于自己偶然出现的错误，老师应该承认和改正，在改正过程中，学生会看到老师严谨治学的态度和追求真理的高贵品质，这会使学生认为老师是一个真实的人，也会犯错误。

　　但需要注意的是，千万不可以东施效颦，假如教师故意去犯错误，那将是危险的和愚昧的行为，是一种"错误造假"，这会引起其他方面的问题，也不会产生仰八脚效应。高校教育管理工作者通过仰八脚效应能更积极地进行工作反思，重视教育过程中人格因素的作用，促进学生更好地发展。因此，有时候出丑也未必是一件坏事，相反还可能会起到积极作用。但是，我们在平时的工作中也不可乱用仰八脚效应。

补偿效应

——适时激励带来的惊喜

　　小李出生于中西部地区的一个偏远小城，从小一帆风顺的他有着远大抱负。他羡慕那些青史留名之人，羡慕那些腰缠万贯的企业家们，他想变得成功，受人追捧。为了逃离平凡的现状，他不得不拼命抓住眼前的那根救命稻草——高考。他挑灯夜读，可是造化弄人，他高考失利了！他如同遭遇晴天霹雳。为此，他整天闷闷不乐，怨天尤人，无奈之下只好去了A市的一所普通高校。他暗下决心：一定要继续努力，出人头地。

　　然而大学生活不像想象中轻松，更优秀的同学让他钦佩不已，更高难度的课程压得他喘不过气，多姿多彩的社团活动让他眼花缭乱，他感觉无所适从。还好有小王。小王是小李的室友，也是他为数不多的朋友。小王来自山村，高考也遭遇失利，家境贫寒，不得不省吃俭用，经常去发发传单打打零工，以补贴家用。小王经常感到各方面的压力压得他喘不过气来。两个命运相似的人相遇了，他们形影不离，彼此安慰，看到对方，疼痛便减轻了许多。小王看到小李的论文一筹莫展，再看看自己那些不够精彩的文章，内心也便没有那么失落了。两人互相扶持，一起去图书馆学习，一起分享自己的遭遇，互相安慰，共同进步。当其中一人遇到困难将要放弃之际，总会想到对方，并咬紧牙关暗暗想：没事，他那么不幸，还一直在坚持，我也一定行！

　　突然有一天，小王的家庭时来运转。他家人做生意有了起色，生活逐渐宽裕起来。从此，小王自信起来，找到了适合自己的学习方法，学习成绩突飞猛进。期终考试时，小王的平均分超了小李整整五分。小王也因为成绩优异，常被同学们请教，能力出众的他被选为班干部，渐渐忙了起来，和小李相处的时间也越来越少了。小李感觉自己被抛弃了，闷闷不乐的，常常一个人外出，一个人悄悄抹泪，上课也漫不经心起来，总是感叹人事无常，世事难料，自己为什么这么倒霉，学习成绩更是一落千丈。他甚至想要陷害小王，让自己可以回到过去和小王相处的美好时光。

　　辅导员注意到了小李的反常，联系了小王，了解了大致情况后与小李进行了谈话。辅导员来自一个小城市，也经历起过人生坎坷，也曾是一个壮志凌云的、屡屡被打击的少年，但是没有放弃自己教书育人的梦想。他的娓娓道来引起了小李的共鸣，小李潸然泪下，说出了自己内心的想法。辅导员先是赞扬小李有理想、有抱负，勤学苦练，有闻鸡起舞的劲头。再跟他讲述任正非、查尔斯·狄更斯等名人背后的辛酸故事，并且说小王好不容易有点转机，作为朋友应该祝福而不是嫉妒。再假设如果小李学习生活上有起色，小李也希望小王送去美好祝福，与小李分享幸福。最后因势诱导安慰小李还年轻，有无限可能，不要因为过去的失意而闷闷不乐，而失去了机遇，并且表示会一直支持小李，相信他，做他最真挚的朋友，有问题欢迎随时来找老师交流。经过辅导员的疏导，小李渐渐释然，主动联系了小王，两人和好如初。小李因为补偿效应而受益匪浅，渐渐从失意的阴影中走出来。

补偿效应

　　补偿效应原指深基坑开挖时，基础底所撤除的自重应力较大、地下水位较高时，基础受水的浮力较大，两者之和可以抵消建筑物产生的部分或全部基底压力。也引申为人在落寞时，通过将自身与更落魄的事物比较，得到优越感和满足感。譬如，某次期中考试 A 只考了 70 分，与平时的 90

分相比差了 20 分，于是 A 垂头丧气、默默流泪，但是当他和同学对比发现自己居然能名列前茅，便感觉前所未有的欣喜。小病之人觉得自己生病费时耗力且痛苦不已，而当他望见奄奄一息的重症患者挣扎着求生，会庆幸自己仍然可以病愈后在阳光下行走，在花丛中穿行。

补偿效应在案例中的体现

罗曼·罗兰曾说："当你知值世界上受苦的不只是你，你会减少痛苦，也会在绝望中燃起希望。"这便是补偿效应好处的体现，补偿是一方对另一方的扶持。好的补偿分为单向和双向的。好的单向通常是落魄者向以不在乎伤疤的友人或者名人甚至自己过去的悲惨遭遇引燃为光，照亮自己的勇往直前之路。案例中辅导员老师所说的任正非、查尔斯·狄更斯对小李产生的补偿效应就是单向的，单向的好处就是两者直接联系不大，不太容易失控但是缺乏良好的互动性，再加上名人一般本身就有一定的正能量指向和勉励性。而好的双向，则是互相的，以友谊或者亲情等感情为纽带，就像小王和小李最初的友谊一样，他们携手并进、抱团取暖，互相分享自己的心理落差，获得安慰。补偿和施以补偿的对象是获取者的加油站、补给所，一来二去，既维系关系更给人动力，催人奋进。

双向因其带入性强（毕竟是周围所发生的真人真事），容易导致心里不平衡、心理扭曲等状况。小李自身失意而希望小王能一直失意来陪自己甚至起了陷害的心思这显然是不合乎情理的，有种"死了也要拉垫背的""休叫天下人负我"的蛮横。而辅导员对小李从双向到单向的劝说过渡利用了小李的壮志豪情和太容易纠结在乎的性格，从实际情况出发，具有针对性。

工作思考和建议

补偿效应，本意是对自己因失意、落寞等不愉快的经历的补偿，或设定比较容易满足的期望、容易实现的目标来调整自己的心态。但是，如果补偿对象、方式或目标选取不当则容易导致出现反转或更坏的后果。如为了寻求心理安慰，寻找存在感、价值感，欺负、刺激比自己弱的人的行为都是我们在应用补偿效应时要避免的。

　　补偿效应是思维转化的艺术，要转化思维首先要了解具体的学生的思维。针对不同的学生要用不同的补偿，一旦用错就可能落下祸根。同样，补偿效应也可以用转化的方式化解，针对学生的具体情况，选择他更合适、更容易接受的补偿，引发共情，拉近与学生的距离，将疏远转化为亲近。

超限效应

——给学生留出一些空间

「案例回放」

　　阿龙是一名高三男生，最近因为升学压力大格外沉迷某爆款手机游戏，家人头痛不已。父亲注视着那个正躬身打游戏的侧影无奈叹息，从前那个乖巧懂事的娃娃哪里去了呢？

　　想起那张 78 分的试卷，母亲气愤道："还在玩手机，已经高三了，还不知道抓紧时间好好学习！"看着儿子的侧影不为所动，母亲又提高了音量："你看看琪琪，学习怎么就那么好，还不用爸妈操心，哎，我也不是一定要说你，我只是为你好啊！"阿龙也不是丝毫无动于衷，他知道父母唠叨是为了自己好，只是被无数次的催促唠叨搞得不耐烦了，翻来覆去地就那几句"好好学习""别玩手机了""瞧瞧谁谁谁"，最怕的还是每次结尾必带的"我只是为你好啊"。而且他也很想像琪琪一样直接说出"今天周末想玩一个小时游戏放松一下"的想法，但是他知道爸妈不会听的，然后又是"你有琪琪成绩好吗？人家的学习方法不适合你，你没他聪明，你得多学习才能赶上啊"的老套路了。

　　最逆反的时候，阿龙曾想：我一定要考一所离家最远的学校，"天高皇帝远"，要让他们再也管不到！五个月后，阿龙如愿来到了离家两千多公里之外的一所还不错的学校，推开了自己大学"自由"生活的大门：黑白颠倒、经常旷课、夜不归宿、彻夜打游戏……

这天，阿龙刚想约朋友打游戏，辅导员一通电话打来，"期末成绩出来了。你怎么了，是有哪方面的困难吗？说说看，我尽全力帮助你"。阿龙顿时茫然，恍惚间挂断电话，查询成绩，一看"29分、44分、37分"，十门课三门没过！阿龙想起自己这半年来的荒唐放纵，又回想起了辅导员关心的话，羞愧难当。想到这半年来骤减的唠叨声，心里更是难受极了。

超限效应

超限效应是指因刺激过多、过强或作用时间过久，从而引起心理极不耐烦或逆反的心理现象。这个名词被大众所知是缘于马克·吐温的一个小故事。马克·吐温在听牧师演讲时，最初感觉牧师讲得好，打算捐款；10分钟后，牧师还没讲完，他不耐烦了，决定只捐些零钱；又过了10分钟，牧师还没有讲完，他决定不捐了。在牧师终于结束演讲开始募捐时，十分烦躁的马克·吐温不仅分文未捐，还从盘子里偷了2元钱。

形成超限效应的原因有以下几个：马克·吐温从打算捐款到偷走钱的心理历程变化虽然带有幽默的意味，但却是直接的超限效应产生后果的体现。首先是谈话者对接收者内心活动的漠视，不尊重也不关心对方的意愿，其次是输出方式枯燥单一，再次是不懂得"度"的把握、"适可而止"的道理，这样极易使接收者在信息接收过程中不满，并产生抵触心理。

超限效应在案例中的体现

在阿龙的案例中，这种家庭式的超限效应充分展现出来。首先，父母一直对阿龙有一定程度的精神施压，使得超限效应逐渐累积，高三玩游戏的隐患最终在大一彻底爆发出来。其次，我们从中不难发现阿龙的父母从阿龙小时候起便灌输"好好学习"的观念，初心当然好，但是这种持续反复单一的话语说得多了，难免沦为陈词滥调，让人产生抵触和逆反心理。而且我们也可以发现，阿龙的父母很自我，对作为接收方的儿子的想法不够理解，没有换位思考，打着为对方好的旗帜，却又不停强调着"你不够好""你没有他好"。再次，他们没有把握好其中的度，也没有注意技巧。事实上，长辈意志的反复强加非但不会产生记忆强化，反而会让许多人产生厌恶的情感，出现超限效应，进而起到完全相反的作用。

工作思考和建议

超限效应告诉我们，人们接受一种刺激都是有心理限度的。对于那些人们不想接受的事物，接受程度是有一定限度的，对于那些能够满足人们某种需求的刺激，如果过于频繁、超过了一定的限度也会产生不良的影响，甚至适得其反。

高校教育管理工作也应当注意方式方法，即使目的一样，采用的方法不一样，最终的结果也会千差万别。教育管理工作者应从大学生的心理出发，找出其"晚睡""拖延"等不良学习生活习惯的原因，开诚布公地与其谈论真实想法，并一起探讨如何做出调整和改良。教育管理工作者应当激发大学生的自律精神，与其由老师、父母来操控他们的决定，不如提升其自我约束能力，让他们自己做决定。

在高校的教育管理以及课堂教学方面，老师们都应该掌握技巧，把握住"度"。表扬批评要有"度"，说服教育要有"度"，严格要求要有"度"，关心爱护也要有"度"。同时，还要避免学生的认知超载，不能一味地灌输，更不能一味地灌输相同的内容。高校教育管理工作者应当避免说话时咄咄逼人的态度，应当给学生留有说话的余地和机会，让学生感受到亲切和友善。其实最为高明的沟通并不是灌输自己的想法，而是通过友善的表现缓解对方的敌意，给出某些信息让对方产生思考，从而肯定和加强对方的想法，以达到教育学生的目的。

蝴蝶效应

——注意生活的细节

「案例回放」

一天，小胡在自习室上自习。正当他聚精会神学习的时候，小罗突然来到他桌子旁边拍了拍他的肩膀，指了指课桌里的两本书，皱着眉头对小胡说："不好意思，这个座位已经被我占用了，请你找别的座位吧！"小胡觉得小罗打扰了他的学习，生气地说道："这是公共场所，应该是大家共有的，怎么就变成你的了，况且我已经在这个桌子上自习了四个小时了！"小罗听不进去，坚持和小胡争吵，结果小胡也大声嚷了起来："请你出去，否则我不客气了！"于是，两个人便大打出手，甚至各自打电话叫了帮手来帮架。顿时，自习室乱成了一窝蜂，其他上自习的学生有的上前围观，有的则带着鄙夷的神情愤然离开，另寻其他教室。

「蝴蝶效应」

1979 年 12 月，洛伦兹在美国科学促进会的一次讲演中提出：一只蝴蝶在巴西扇动翅膀，有可能会在美国的得克萨斯引起一场龙卷风。这即蝴蝶效应。我们可以用在西方流传的一首民谣对此做形象的说明。这首民谣说：

丢失一个钉子,坏了一只蹄铁;坏了一只蹄铁,折了一匹战马;折了一匹战马,伤了一位骑士;伤了一位骑士,输了一场战斗;输了一场战斗,亡了一个帝国。

马蹄铁上一个钉子是否会丢失,本是初始条件的十分微小的变化,但其长期引起的效应却是一个帝国存与亡的根本差别。这就是军事和政治领域中的所谓蝴蝶效应。有点不可思议,但是确实能够造成这样的恶果,看似一些极微小的事情却有可能造成集体内部的分崩离析。所以,一个明智的领导人一定要防微杜渐。如案例中的"占座"这样的事情刚刚发生时都很小,但如果不引起注意,就容易酿成极其严重的后果。

蝴蝶效应在案例中的体现

占座是大学校园常见的现象,有的同学占了座位人不到,认为用书或者其他物品占了一个座位就可以来去自如了。占座虽然是小事,但是却影响着大学生的学习和生活,使许多同学对此感到无可奈何,甚至产生吵架、打架的恶果,这样不仅伤害了同学之间的和气,还破坏了校园和谐的氛围。案例中,小罗占了座位却没有上自习,本只是一件微不足道的小事,但是却引起了一连串的反应,影响了其他同学的学习,与小胡之间发生口角、争斗,甚至还惊动了他们的朋友一起参与打架,最终两败俱伤不说,还影响教室里其他学生上自习,严重者还受到了学校的处分。

工作思考和建议

蝴蝶效应给我们的启示是:在生活当中,我们应该关注细节,防微杜渐,注重关联,控制全局。在大学,学生的思想还没有完全成熟,学生之间可能因为一点小小的误解和一些琐碎的小事而产生矛盾,势不两立,以致大动干戈,甚至引发自杀、他杀或恶性群体事件。

高校教育管理工作者必须重视超前教育,及时对学生的思想状况进行调查研究,善于预测学生的思想发展变化趋势;洞察学生思想问题的萌芽,适度超前做思想教育工作，即古语所说"防为上，救为次，戒为下"。在日常生活中，我们也常会看到，本来是很小的分歧、摩擦，由于处置不当，引发了连锁反应，使事态由小变大，最终演变成群体性事件。所以，高校很有必要建立完善风险防范的预警机制，及时分析和把握学生思想动向和心理动态，及时发现带有倾向性、苗头性的问题和可能引发的群体性、突发性事件的风险，以增强危机化解的主动性和实效性。

红白脸效应

——善于调整自己的态度

小 A 热情开朗、勤奋好学，深受老师和同学喜欢。他担任学生干部，是辅导员王老师的得力助手。有一天，王老师接到学校保卫处的电话，被告知小 A 与同学打架而且态度不好，请王老师到保卫处协助处理这件事。

王老师立马赶到保卫处，发现小 A 正面红耳赤地与保卫处老师争吵，丝毫没有认错的样子。经与保卫处老师协商，王老师把小 A 单独叫到一个办公室，先给小 A 倒了一杯水，让他平复心情再慢慢说事情经过。在谈话中王老师了解到：小 A 在去图书馆自习的路上，接到小 H 的电话，说他在运动场被人欺负，让小 A 赶紧过去。小 A 赶到时，发现小 H 正在和几个同学争吵——原来是打球过程中的肢体碰撞，引发了语言冲突。小 A 由开始的劝架很快加入争吵之中。小 A 和小 H 处于下风。小 A 情绪越来越激动，当一名同学用手指他时，他挥手一拳打在对方脸上。对方也准备还击，幸亏被周围的同学拉开，并打了保卫处电话。

王老师了解事情详细经过后，先是对小 A 进行了表扬，表扬他关心同学，讲感情，值得信赖和交往，和他做朋友是件很幸福的事。小 A 看到王老师没有批评他而是表扬他，很是诧异，也流露出不好意思的神态。之后王老师话锋一转，开始批评小 A：一是作为学生，遇到这样的事情，应该向老师寻求帮助，不应该私自解决；二是发生语言冲突，不应该动手打人，一旦动手，事件的性质就变了；三是认错态度不好，不听从保卫处老师的处理和安排，错上加错。听完王老师的一番话语，小 A 这才认识到自己的错误。他虚心地接受了王老师的批评，向保卫处老师和对方同学诚恳道歉，并表示愿意陪对方同学去医院检查，也愿意接受学校的处置。对方同学看到小 A 态度诚恳，自己也没受伤，表示愿意原谅小 A，并对自己这方仗着人多势众欺负小 H 的行为进行了反省。此次事件得以圆满解决，后来小 A 还和对方同学成了好朋友。

红白脸效应

"一个唱红脸一个唱白脸"，这句话比喻在解决矛盾冲突的过程中，一个人充当友善或令人喜爱的角色，另一个人充当严厉或令人讨厌的角色。在中国传统戏剧中，一般把忠臣（好人）扮成红脸，而把奸臣或者坏人扮成白脸。后来人们就用红脸代表好人，用白脸代表坏人。

人们把由于表扬或批评引起的正反心理效应，称为红白脸效应。"白脸"实际上就是指批评，它从负面去禁止人的消极行为，"红脸"实际上就是指表扬，它从正面去激励人的积极性，以产生积极的向善行为。

红白脸效应在案例中的体现

在此案例中，王老师被叫到现场后并没有直接对小 A 进行批评，而是对他进行了表扬，这让小 A 感到很意外。他原本以为，自己打架让王老师费力奔波一趟，肯定会受到批评，虽然这里面也有对方的责任。但是王老师不但没有批评他，反而肯定和表扬他，这让小 A 觉得王老师是"自己人"，值得信任。这时红脸效应的作用得以发挥，为后面小 A 接受王老师的批评做了很好的铺垫。接下来，王老师根据事实指出了小 A 做得不对的三个方面，王老师的批评有理有据、客观公正，使得"白脸"发挥作用，让小 A 认识到了自己的错误，向对方同学和有关人员道歉。对方同学看到王老师的处理客观公正，小 A 也已诚恳道歉，最后也愿意和解。

「工作思考和建议」

金无足赤，人无完人。大学生因为心理上的不完全成熟而犯一些错误在所难免。对犯错学生的教育和处理一定要注重策略，不能简单地批评和处分，要实事求是，该表扬的表扬、该批评的批评。"红脸"和"白脸"适时登场，才能有效地帮助学生分析原因、认识错误、承担责任。

红白脸效应在大学生教育管理过程中的作用发挥需要"红脸"和"白脸"的相互配合。"红脸"的核心作用是消除学生的对抗情绪，使得学生能共情共鸣，为后面的工作铺开道路；"白脸"的核心作用是帮助学生认识错误，而且是发自内心地认识和认同，只有这样才能真正帮助学生改正错误、避免再犯。

红白脸效应的运用应注意以下几个方面：一是"红脸"和"白脸"一定要客观公正，要以事实为基础，该表扬的表扬，该批评的批评，切忌言不由衷的表扬和不问情由的批评；二是要掌握好时效度，"红脸"和"白脸"何时登场、分别要达到怎样的效果以及表扬和批评的程度如何等方面都要拿捏准确；三是"红脸"和"白脸"的角色既可以由一人承担，也可以由多人分别承担，由多人分别承担时，应注意事先的商量和处理过程中的配合。

连锁塑造效应

——逐步塑造学生人格

　　小峰是某高校商学院大一一名留级生，来自某省的一个小城市，经过高中激烈的学习竞争之后，他刚进入大学就有好好放松的想法。由于大学比较宽松的学习环境和少有人时时刻刻监督提醒，小峰开始了懈怠的生活。他开始请求同学帮忙上课签到，课后也不积极做作业，课本经常空白。每当看到同学自习或彼此请教时，他总感觉内心有一丝失落，但并没有奋起直追，而是继续过着"放逐"的生活。打游戏、聊天、睡觉，浑浑噩噩地到了学期末，由于各科考试成绩不佳，受到了退学警示。小峰一时慌了神，对当下的生活手足无措，失去了高中的吃苦精神，不知该如何开始学习，又碍于情面，不敢向老师、同学请教，急得像热锅上的蚂蚁。

　　辅导员从第一次考试就注意到了小峰，小峰不理想的成绩在成绩单上非常显眼。小峰大一时，辅导员就曾多次到他所在宿舍观察走访，并与小峰进行交流，但表面上态度诚恳的他却没有付出行动，最终留级后又被辅导员列上"关心名单"。辅导员再次约见小峰，但没有提及以前失约的种种，只是谈及小峰以后的规划，表示会在这一学年内努力帮助小峰在学习上重新步入正轨。在大一留级这年寒假，辅导员亲自购买了火车票前往小峰家里进行交流式的家访，还带了家乡特产核桃作为礼物，希望小峰可以在补充营养之后努力学习。辅导员在小峰家里停留了两天，拿出了为小峰制订的学习方案，并陪伴小峰开始了补课的一天，从起床到学习到吃饭睡觉，愉快而充实的生活拉开了帷幕。

开学之后，辅导员担心小峰会走上以前的老路，又一次约谈了小峰，详细询问了其寒假的学习成果和下一学期的规划。此外，为了防止小峰因为寒假学习而导致上课不认真，辅导员查找了课表，时常上课去观察，课后提问小峰上课的内容。几次下来，小峰上课的注意力提高了不少。期末考试中，小峰名列前茅。辅导员再一次约谈小峰，要求小峰帮助几名成绩不理想的同学，这样做也是为了让小峰巩固知识，避免懒惰。下学期，小峰由辅导员的监督转变为其他同学时常向他求助，小峰的学习之路顺利走上正轨，大一以优异的成绩画上了句号。

连锁塑造效应

连锁塑造效应是指通过小步骤反馈来达到学习目标，也就是说，首先要把目标分成几个小目标，每完成一个小目标，就要进行反馈或强化，从而达成预期目标。

心理学家斯金纳提出行为的习得受到不断强化的影响，并设计了斯金纳箱证明强化对行为习得的影响。在斯金纳箱的一面墙壁上嵌有一个与箱壁平齐的彩色小塑料圆盘。研究者的目的是训练鸽子啄这个彩色圆盘，而不是箱壁上其他任何地方。训练开始时，只要鸽子在箱子中任何地方朝盘子这个方向稍微转动一下身体，就给鸽子喂食。这样进行多次后，鸽子朝这个方向转动的频率会明显提高。当鸽子经常做出这一行为时，研究者就对鸽子提出更高的要求，只有当鸽子转向转盘时，才给鸽子食物。等到鸽子经常向圆盘转动时，研究者再次提高喂食要求，只有当鸽子啄向圆盘时才给食物。这样进行多次之后，鸽子真的学会啄圆盘了。教鸽子啄圆盘的具体操作过程就是连锁塑造的过程，对于鸽子而言，就是以喂它食物作为反馈强化，最终达到啄圆盘的大目标。

连锁塑造效应在案例中的体现

学习不是一蹴而就的事情，需要通过某些有效的教育艺术来达到学习目的，我们可以从最迫切需要解决的问题着手，分步提高，最终实现质的飞越。本案例中，小峰因没有认真学习导致大一留级，辅导员观察到这个情况后设定的大目标是不仅让小峰大一顺利通过各科考试，还要让小峰养成认真学习的习惯。小峰被列入"关心名单"后，辅导员约见他，提出帮助小峰努力学习。这是对小峰的鼓励，是将小峰引入正途的开始。之后，辅导员的家访和制订每日学习计划，是在小峰有了自信后的进一步要求，要求小峰不仅要有信心还要有行动，而倾心的陪伴学习则使小峰真正行动起来。在开学之初，辅导员上课观察陪伴小峰，是让小峰不要因为寒假学习过这些知识而夜郎自大，进一步稳住小峰的心态，帮助小峰可以在学习之路长久地走下去。期末考试之后，辅导员开始退出小峰的生活，让同学以问问题的方式巩固小峰的学习成果，让小峰意识到自己努力学习对自己、对他人、对班级的巨大影响，从而激起内心渴望学习的原动力。就这样，小峰在辅导员一步一步的引导下，在下一学期的自主学习中又一次取得了优异成绩，成功为自己之前的疏忽画上了句号。

工作思考和建议

不良的行为习惯不会一下子消除，良好的行为习惯也不是一蹴而就的。连锁塑造效应给予我们最大的启示就是要掌握循序渐进这一重要理念，允许让时间变化带来影响，其中为了防止在潜移默化中脱轨，就需要正确的引导与监督。高校教育管理工作者要善于运用连锁塑造效应，把学生当成主体，分目标分阶段及时有效帮助学生解决问题，在过程中予以观察，使学生体验到自己的成长，最终实现人生的蜕变。其中，高校教育管理工作者的爱心、耐心、细心的人格品质显得十分重要。

情绪 ABC 理论

——合理管控学生情绪

　　小勇和女友相恋于大一，已经在一起两年多了。但两个月前，女友突然提出分手，原因是经过这两年的相处，觉得彼此之间还是不适合。小勇失恋了，非常痛苦，食欲不振，几乎夜夜都失眠，头发也不打理，心情烦躁，动不动就发脾气。他有时还冒出可怕的念头：自己这么爱她，她为什么不爱我？我一定要报复她，让她没有好下场。有时找不到发泄对象，小勇甚至有自虐倾向，觉得自己很失败，想把自己狠狠打一顿。

　　他的室友发现情况不对，及时向辅导员反映了他的情况。辅导员初判，这是由于不合理信念导致的消极情绪，重点不在于帮助小勇重新追回女友，而是帮助小勇改变不合理信念，扭转他的错误认知。考虑到小勇目前有自虐倾向，辅导员马上约小勇在成长辅导室见面，一对一私下交流。刚开始，小勇情绪激动，喋喋不休地抱怨女友抛弃自己，诉说自己对女友的付出，并请辅导员支招，帮助他追回女友。辅导员并不急于反驳，而是给小勇泡了杯茶，耐心倾听，并报以理解、肯定的目光。在小勇说完后，辅导员并不正面回答小勇的问题，而是给他讲了情绪 ABC 理论，小勇似懂非懂。辅导员耐心分析两人的关系，女友提出分手，说明她已经放弃这一段感情，不再喜欢小勇，无论小勇做什么，这一段关系都无法挽回。辅导员问小勇，面对这一既定事实，他是否还要执着于把一个不再喜欢自己的女孩子留在身边？小勇回答不上来。辅导员接着问，他现在的所作所为是不是让自己很开心？小勇摇摇头……辅导员一连串的问题使小勇渐渐感觉到自己真的不够理智。辅导员见小勇开始重视自己的情绪问题，便问他以前有没有拒绝过别的女孩子。小勇一口气说出好几个。此刻，他才恍然大悟。是啊，原来自己也曾经拒绝过不少喜欢自己的女孩子。辅导员告诉小勇："你现在存有的信念就是，我爱她，所以她必须得爱我。你也拒绝过其他人，你觉得这种信念合理吗？"小勇沉默片刻，终于向辅导员承认自己确实存在不合理信念，过于感情用事，面对失恋的痛苦，失去了理智思考的能力，每个人都有选择的权利，感情是不能勉强的。

大学生由于还未踏入社会，不仅仅是感情方面，在很多方面都容易钻牛角尖，如"这场考试太重要了，我必须不惜一切代价成功""我一定要找到最好的工作，不然这些年的书都白读了"等。面对同一件事，这些非理性、不合理的信念，会带给学生不良情绪，甚至导致学生为达目的不择手段，引起不良后果。

情绪 ABC 理论

情绪 ABC 理论由美国心理学家埃利斯提出。他将我们常说的"想得开"上升到理论高度，认为激发事件 A（activating event）只是引发情绪和行为后果 C（consequence）的间接原因，而引发情绪和行为后果 C 的直接原因则是个体对激发事件 A 的认知和评价而产生的信念 B（belief），即人的消极情绪和行为后果 C，不是由于某一激发事件 A 直接引发的，而是由于经受这一事件的个体对它不正确的认知和评价所产生的某种信念 B 所直接引起，这种信念也称为非理性信念。

有这样一则民间故事：老太太的两个女儿都出嫁了，大女儿开伞店，小女儿开洗衣店。下雨的时候，老太太担心小女儿洗的衣服晒不干；天晴的时候，老太太担心大女儿的伞卖不出去。总之，每天她都在忧愁。后来有位朋友劝她说："你真是好福气啊，雨天你大女儿家生意兴隆；晴天你小女儿家生意好做。对你来说，每一天都是好日子啊。"老太太转念一想，不禁眉开眼笑了。故事中的老太太就是因为对同一件事情的信念不同而产生了不同的情绪反应。同样，案例中的小勇也是因为对失恋产生了不合理的信念而使自己陷入了痛苦之中。

情绪 ABC 理论在案例中的体现

案例中，辅导员的一席话使小勇的情绪产生了翻天覆地的变化，主要原因是她引导小勇的情绪由非理性转向了理性，信念由不合理转向了合理。案例中的情绪 ABC 理论主要体现在以下几个方面：

一是认清"绝对化要求"的不合理性。绝对化要求是不合理想法的一个重要特征，在各种不合理信念中是常见的。这种信念通常与"必须""应该"等字眼联系在一起。小勇就是产生了"我爱她，她就必须爱我"的绝对化信念。辅导员运用情绪 ABC 理论，指出他这种想法的不合理性，并进行了解析，让他自己重新树立合理的信念。辅导员让小勇认识到，不良情绪的根本原因不是失恋，而是他想法之中的绝对化要求。

二是分析"过分概括化"的不合理性。很多人常常以自己做的某一件事或者某几件事来评价自己整个人的特征，一旦事情不如愿就会认为自己"一事无成"。因为女朋友提出分手这一件事，小勇否定了他们两年的所有美好过往，还"认为自己很失败"，辅导员也是利用情绪 ABC 理论对他的这一心态进行了分析。

三是对"糟糕至极"的不合理想法进行疏导。当一个人觉得某件事很糟糕的时候，往往会将其夸大，认为这是最坏的事情。小勇就是把失恋看得过于糟糕，而有发脾气、自虐等行为。当小勇将失恋当成人生道路上的小小挫折时，其愤怒、绝望的情绪自然得到缓解，从而恢复了正常的学习、生活。

工作思考和建议

情绪 ABC 理论强调心理机制的整体性，认为认知是情绪产生的基础，行为受情绪的影响。情感和行为都受制于人的认知，所以积极的认知和认知方式在情绪调节和行为改变中起着关键性的作用。同理，大学生认知发展水平是影响大学生情绪的一个最重要的因素。大学生正处于青年时期，心理发育还不够成熟，其心智水平、价值观、人格等都尚未发展成熟，思维的深刻性和辩证性不足，认知能力和认知方式有很大的局限，这些因素势必会使他们产生很多非理性的思想，易造成消极情绪。

当前，高校大学生心理健康工作不断得到重视，2021 年 7 月，教育部办公厅下发了《教育部办公厅关于加强学生心理健康管理工作的通知》，要求进一步提高学生心理健康工作的针对性和有效性，切实加强专业支撑和科学管理，着力提升学生心理健康素养。在加强学生心理健康素养的同时，也要求高校教育管理工作者提升心理健康的认知和素养，及时预警、预判学生心理困扰和危机。作为辅导员要善于利用情绪 ABC 理论，及时跟踪，帮助学生提高认知水平，纠正错误的认知方式，从而提高大学生情绪管理的能力。

禁果效应

——让禁令成为动力

　　小美是老师、同学眼中公认的"好学生""乖乖女"，在学习之余喜欢上网浏览新闻、看电影，或是与同学和网友聊天。最近她在网上认识了一位网名叫"雪蓝狐"的网友，对方自称是硕士研究生，说话比较幽默风趣，还经常在网上帮助小美与其他网友辩论。小美开始关注他，并逐渐喜欢上了和他聊天。

　　聊了一段时间以后，"雪蓝狐"向小美提出见面要求，小美虽然想看看这个网友究竟是什么样子的，但她平时是个乖孩子，觉得这种事情应该慎重考虑。于是就打电话给妈妈讲了一下，没想到妈妈一下子非常生气，警告她不要在网上交些不三不四的朋友，并坚决反对她去见这位网友。小美觉得母亲太专断了，而且专断了这么多年，自己都那么大了，有自己的判断力，心想妈妈这么反对，我倒偏偏要去试试。于是再也没有多加考虑，决定去见现实生活中的"雪蓝狐"。意料之中，两人见面之后，关系快速从朋友变为恋人。一开始，两人的感情比较亲密、稳定，小美庆幸自己没有听妈妈的劝告，感觉自己没有找错人。但相处了一段时间以后，"雪蓝狐"开始对小美提出各种不合理的要求，并经常向小美借钱供家里急用，而且没有还钱的打算，在感情方面也不像以往那么热情了。这使小美感到非常失望，对学习和生活都失去了兴趣。

正当小美感到绝望之际，她想到了和蔼可亲的杨老师，于是主动去寻求杨老师的帮助。杨老师先是对她表示了肯定，觉得小美是一个上进的、有前途的学生，应该把握自己的时光好好学习，继而对她和这位网友的关系进行了剖析。杨老师告诉小美，要是选择继续跟那位网友交往，可能他会无止境地向她借钱，感情也有可能会越来越淡，但是让小美选择和他分手，小美可能会因为付出太多而受到很大的伤害，或者是还喜欢这个网友而舍不得分开。杨老师将两种选择的利弊给小美分析清楚后，让小美自己进行选择。经过认真的思考，小美最终选择了离开这位"网友男朋友"。现在，她又变回了原来那个老师、同学熟悉的品学兼优的好学生。

禁果效应

在古希腊神话故事中，有位叫潘多拉的姑娘从万神之神宙斯那里得到一个神秘的小匣子，宙斯严令禁止她打开，激发了姑娘的猎奇和冒险心理。这种急欲探求盒子秘密的心理，使她终于将它打开，于是灾祸由此飞出，充满人间。潘多拉姑娘的心理正应了一句俄罗斯谚语"禁果格外甜"，也就是所谓的"禁果效应"。"禁果"一词来源于《圣经》，它讲的是夏娃被神秘的智慧树上的禁果所吸引，去偷吃禁果，而被贬到人间。这种禁果所引起的逆反心理现象称为禁果效应。从《圣经》故事中引申出来的"禁果"，其含义就是因被禁而更想得到的东西。

禁果效应在案例中的体现

禁果效应在我们的生活中并不罕见，有些人利用人们的这种心理而牟利，诸如未成年人禁看的电影、不满18岁莫入的网吧、限量供应的商品等。本案例中禁果效应有正反两个方面，在小美的经历中有截然不同的体现：第一，小美母亲的教育方法简单粗暴，导致小美产生逆反心理。子女的成长环境已经和他们父辈的环境不同了，如果父辈还是处处按照自己的价值观来教育子女,势必造成子女的逆反心理。从客观上看,家庭和社会的一些不良因素是诱发子女产生逆反心理的重要原因。当小美和母亲商量是否要去见那位网友的时候,母亲并没有和她交流,也没有以足够充分的理由说服她不要去见这位叫"雪蓝狐"的网友,而是气急败坏地直接给出禁止她去见网友的结论,最终激发了小美的逆反心理,从而产生了禁果效应。如果不是小美母亲过于简单粗暴的教育方式,小美未必会即刻打定与男网友深入交往的主意。第二,当小美深陷网恋男朋友的感情漩涡中难以自拔时,杨老师的耐心疏导给了小美充分自主的选择权,给小美提供了思考的空间,从而有效地避免了禁果效应的产生。结合案例本身,不难发现,杨老师帮助小美的方式并不是告诫她应该如何做,还是双向分析了事件的利与弊。处于心理断乳期的青年大学生自尊心十分强,如果案例中的杨老师也是一味地要求小美离开那位男生,小美会感到老师不尊重她、不信任她,可能会导致禁果效应产生截然相反的效果。

「工作思考和建议」

大学生作为刚刚成年尚未完全踏足社会的群体,其心理具有一定的脆弱性。叛逆性格和逆反心理在大学生中屡见不鲜,教师作为承担立德树人任务的重要角色,应当关注和重视大学生这一特点,在日常的教育引导中,帮助学生克服禁果效应,做出理性选择。禁果效应给老师日常教育的启示主要有两个:第一,不要把主观认为"不好"的东西当成"禁果",人为地增加该事物对学生的吸引力。在对学生进行教育的时候,不能一味硬性地禁止。一方面,应该充分尊重学生,积极做好疏导工作,只有这样才会降低禁果效应发生的强度或者避免禁果效应的发生,理达则情通,做出一项规定、提出一个要求要把来龙去脉讲清楚,把必要性摆到桌面上,从而让学生欣然接受。如果只是简单禁止,学生往往会寻根问底,激发好奇心,导致他们去闯禁区探个究竟。另一方面,如果确要令行禁止,也应给学生说明原因,帮助学生理解老师如此做的出发点和目的,并且在解释说明的时候站在旁观者或者第三方的视角发表中立的观点,而非以"过来人"的口吻表述笃信性的态度。第二，可以把学生不喜欢而又有价值的事情人为地变成"禁果"，以提高该事物的吸引力。"禁果"能激发学生的好奇心和争取心理，越是看不见、摸不到的东西，学生往往越认可该事物的价值。教师可以将"好东西"刻意藏起来不让学生看见，通过一些良性的暗示，引导学生自己发掘和找到"禁果"，从而激发他们研究和探索这一领域的兴趣，这便是禁果效应合理利用的体现。

最后通牒效应

——掌握好时间管理的艺术

小荷是某高校的一名研究生。她的导师在六个月之前就与她敲定了毕业论文的选题，并告诉她要开始准备开题报告了，等寒假过完一开学就要进行检查。小荷自信地说可以完成。可是她进入寒假之后，就一直告诉自己时间还长着呢，结果到寒假快完了还没有开始准备。于是，她开始着急了，虽然着急，但还是不想去准备，每天心里面想的都是开题的事，就是不知道如何开始，也不想开始，更没有心思去做其他的事情。开学以后，导师要检查的时候，她请求导师再宽限几天，看见别的同学都陆续给导师修改了，她更是着急，但就是没有灵感，也不想去想，就一直没有拿给导师看。久而久之，她的脾气变得十分暴躁易怒，有时候还没精打采的。

时间过得飞快，眼看只有一个星期就要开题了，开题报告在开题之前必须给导师审定。于是，在开题的三天之前她硬着头皮弄了一个开题报告给导师看。她知道导师这关会通不过，因为她明白三天赶写出来的东西实在是太粗糙了，她本来还不打算拿给导师看的，但是自己实在是拖得太久了，再不给导师看一下很不好，她害怕导师会对自己产生不好的印象。果然，导师过目了一遍，便说要大改，特别是提纲，根本就还没有成型。要是开题通不过就要推迟毕业。尽管着急，可是一直拖到开题的前一天她才振作精神写了整整一天，终于把令自己基本满意的开题报告写了出来。

熬了一整夜，而且对着电脑，本来皮肤就比较敏感的小荷，带着满脸的痘痘，拖着疲惫的身躯去参加开题会。好在最终还是勉强通过了开题。

最后通牒效应

生活中，许多人都会有这样的心理：对于不需要马上完成的任务，习惯于在最后期限即将到来时才去努力完成。这种习惯反映了人类心理的拖拉倾向，即人们在从事一些活动时，总觉得准备不足，能拖就拖。但在不能拖的情况下，例如不允许继续准备或已到了规定的时间，基本上也能完成任务——这种心理现象叫作最后通牒效应。最后通牒效应会给人们带来消极影响，但如果使用得当也会产生正面作用。案例主要体现了最后通牒效应的负面影响。曾有教育家做过这样一个实验：让小学生阅读一篇课文。第一次，不规定时间，结果全班用了八分钟才完成。第二次，规定五分钟必须读完，结果全班同学不到五分钟都读完了。这个实验反映了最后通牒效应对人们的促进作用。

最后通牒效应在案例中的体现

根据最后通牒效应，个体为了避免拖拉的倾向，应该制订负荷合理的目标和计划，对可支配的时间进行管理，强迫自己在约定的时间分阶段地完成任务。也就是说，给自己一个最后通牒，才不至于使自己到了最后关头才拼命地赶，结果完不成任务或者影响做事的质量。案例中最后通牒效应主要体现在以下几个方面：

（1）小荷做事拖沓。拖沓是一种非理性的、缺乏自我规范的行为，表现为推迟甚至是回避活动的倾向。

（2）小荷没有合理安排时间。合理安排、计划时间是提高办事效率的最重要的途径，一段时间内的中心任务一定要分阶段、分计划完成，不然不仅该事情办不好，还影响其他事情的处理。

（3）"最后通牒"给小荷带来了负面情绪。事情一直拖着，会使人压力越来越大，产生焦虑、紧张等负面情绪，自然也会给身体带来伤害。

（4）小荷在任务期限的最后时刻还是基本完成了开题报告，这也是最后通牒效应的一个重要体现。

工作思考和建议

拖延症是指自我调节失败，在能够预料后果有害的情况下，仍然把计划要做的事情往后推迟的一种行为。严重的拖延症会对个体的身心健康带来消极影响，如出现强烈的自责情绪、负罪感，不断地自我否定、贬低，并伴有焦虑、抑郁等心理状况。

最后通牒效应给我们最大的启示就是要掌握时间管理的艺术。作为高校教育管理工作者，要善于帮助学生掌握时间管理的方法和艺术，并且分阶段进行监督，使学生掌握时间管理的方法，养成合理把握时间的习惯。教育管理工作者既要避免最后通牒效应带来的负面影响，又要使最后通牒效应发挥正向作用，督促学生在规定的时间内完成任务。因此，一方面要指导学生制订合理的目标和计划，对可支配的时间进行管理，这是避免"最后通牒"给学生带来负面情绪的一个有效途径。另一方面，将任务分阶段完成，规定每一阶段的具体任务和每一个具体任务完成的具体时间，即适时地发出"最后通牒"，发挥最后通牒效应的促进作用。因为多个短期的"最后通牒"往往要比一个长期的"最后通牒"的促进作用更大。同时，教育管理工作者还要尽可能地深入调查了解每一位学生的实际情况，有针对性地对每位学生发出"最后通牒"，消除拖延给群体带来的影响。

后光效应

——巧妙借助外部力量

小孟是一名来自西北地区的 19 岁女生，2019 年以 600 多分的高分考取某高校医学院，并获得了新生奖学金。开学几个月来，小孟每天都背着书包上自习，继续保持着高中勤奋刻苦的学习习惯。通过与其交谈了解到，该生来自西北地区，来校后饮食居住很不习惯，由于语言、习惯等原因，对周围的同学也不怎么信任，思家心切，只能借拼命学习来消解思乡的情绪。

军训期间，小孟像许多同学一样，积极向党组织靠拢，向学院递交了一份入党申请书，但勤奋刻苦的她并没有被推荐去学校党校学习。对此，小孟觉得是自己表现还不够优秀，要继续努力。

第一学期期末考试结束后，由于春运车票紧张，小孟只买到了放假一个星期后的火车票。她努力克服天气的严寒，待在寝室准备大学英语四级考试和预习下一个学期的课程。辅导员专门前往寝室走访，叮嘱其注意安全，有问题随时打老师的电话，如外出要请假，并邀请同学同行。该生对此反应比较冷漠，对辅导员的关心只是点头应允。

第二学期开学第二天，该生跑到辅导员办公室说对自己的成绩有异议：为什么不如她努力的同学成绩比她还好？她认为这位同学一定跟领导、老师打了招呼，并强烈要求辅导员、学院党委副书记查明此事，情绪十分激动。辅导员、学院党委副书记耐心安抚其情绪，表明如果她反映的情况属实，一定会想办法还她一个"公道"。两天后，该生又跑到辅导员办公室，要求更改自己和另外一位同学的成绩，否则就要上报学校领导。辅导员、学院党委副书记都用心做她的思想工作。但该生无论如何就是不相信，几天以后果然去找了校领导，校领导经过调查对她做出了答复，但她仍然不满意。整个事情前后持续一个多月，无论怎么解释，怎么做她的思想工作，她就是不相信别人所说的话，甚至一个人到省教育厅反映情况，弄得辅导员、学院领导十分无奈。不得已，辅导员找来她同寝室同学询问她在学校里与谁的关系比较密切。同学反映她经常跟一位任过课的女老师通过电话、QQ 联系。辅导员拜访了这位女老师，向女老师说明情况，希望其帮助疏导小孟心里的郁结。但在这件事情上，该生连女老师的话也不信。在学院领导的建议下，这位女老师先后陪该生去校心理健康中心咨询和去医院精神科检查。经初步诊断，该生患有中度抑郁症和强迫症，建议回家进行药物治疗。该生始终不愿意接受这个现实，整天待在寝室不出门，经常蒙在被子里哭泣。辅导员多次邀请女老师跟该生谈心，希望她接受这个现实，告诉她不要太过担心，回家好好休养一段时间就可痊愈。在这位女老师和辅导员一段时间的悉心陪伴和开导下，该生终于愿意休学回家接受治疗。

「后光效应」

家庭生活中经常有这样的现象：父母在儿女听不进教导时，找一个在孩子心中比较有权威的人，如老师、长辈、亲戚出面劝说，往往会起作用。有人把老师、朋友这样的第三方称为"后光"，就好比你晚上走在漆黑的路上，看不清楚前方的路，偏巧后面来了一辆车，大灯一照，让你的视野清晰很多。这种由第三方产生的良好劝说、疏导的效应称为"后光效应"。

后光效应在案例中的体现

案例中，小孟对辅导员、学院领导、寝室同学不信任，甚至怀疑同学成绩有假，无论是学院领导还是学校领导的解释都不能使她相信。为此，她还将自己不认可的事情上报到省教育厅。最终，辅导员只能邀请该生信任的女老师介入才使问题暂时得到缓解，让事态不再恶化。虽然小孟因为心理疾病不得不回家休养，但女老师作为第三方的介入起到了缓解事态继续恶化的作用，也只有女老师这样的"后光"才能起到这么大的作用。

工作思考和建议

新生代大学生对自我个性的保护欲在这个时代尤为强烈，反映在社交上则体现为各种同质化的"圈子"。他们更加注重"看眼缘"，即两人之间或者圈子之间是否有共同话语、共同兴趣。因此，作为高校教育管理工作者，面对"难搞定"的学生时，不一定要去和他们硬碰硬，采取"刚"的形式迫使他们接受自认为好的想法，而应该采取迂回战术，利用好"外来和尚好念经"的心理倾向，充分发挥好"后光"的作用，以解决学生的困惑。无论是采取哪一种手段，高校教育管理工作者一定要学会尊重学生，多用润物无声、春风化雨的方式教育和引导学生。

晕轮效应

——摘掉有色眼镜

　　加入中国共产党是很多大学生的梦想，但发展党员是一件严肃认真的事情。徐老师是小婷、小芳所在班级的班导师，此次班级只有三个入党名额。在徐老师看来，学习委员小婷是最理想、最合适的人选。小婷平时学习成绩拔尖，在各种比赛中也取得了不少荣誉。但出乎徐老师意料的是，全班竟然没有一个人给小婷投票推荐，而平时不起眼的小芳却票数最多。于是，她决定找班长了解一下情况。原来，虽然小婷成绩非常优秀，在各项活动中表现积极，但是同学们普遍认为她比较骄傲自满，易以自我为中心，很少帮助别人，在班上几乎没有什么朋友。而小芳成绩虽稍逊色一些，但成绩排名也比较靠前，曾多次获得社会实践立项，平时还积极参与班级建设，热心班级工作，与人为善，群众基础非常好。徐老师还了解到，其实不是小婷交不到朋友，而是她根本就不想和同学们交往。小婷家庭富裕，又是独生子女，从小在父母的娇宠下长大，能歌善舞，高中就读的也是"贵族"学校，学校同学都和她情况差不多，故而相处很融洽。但上了大学之后，班级同学来自五湖四海，家庭经济水平各不相同，大部分同学在穿着打扮、艺术特长上较小婷逊色。小婷先入为主，感觉和班级同学没有共同语言，因此一直以来都是独来独往。

徐老师听后,心里暗暗觉得惭愧。原来,自己一直看好的学生也有想不到的缺点,而一直没放在心上的学生却有那么多优点。小婷固然优秀,但要发展成为党员,光是成绩优秀远远不够,还必须有较好的群众基础,做好团结群众的工作。在这一点上,小芳显然做得比小婷要好得多。徐老师终于认识到,自己对班上学生的了解还不够,她决定今后经常和学生交流,全面地了解班里的每一位学生。

晕轮效应

晕轮效应又称光环效应,是指人们在观察某个人时,对于他的某种品质或特征有鲜明的知觉,从而掩盖了其他特征。美国心理学家戴恩等曾进行此类研究。研究者让被试看一些照片,照片上的人分别是被大众普遍认为有魅力的、无魅力的和魅力中等的;接着,让被试者从其他与魅力无关的方面去评价这些人,如他们的职业、婚姻、能力等。此项研究结果显示,有魅力的人在各方面得到的评分都是最高的,无魅力者得分最低。这种"漂亮的人各方面都好"实际上就是晕轮效应的典型表现。

晕轮效应在案例中的体现

从上述案例中很容易就看出晕轮效应的实质,那就是"片面",以偏概全,只抓住一点,不及其余。一是老师与学生交往中的晕轮效应。老师在与学生的交往过程中,常常会因学生的某个特征而产生强烈印象,并以此为中心形成总体印象,从而掩盖了他的其他特征。简单地说就是,如果喜欢某个人,就认为他什么都好。反之,不喜欢某个人,就认为他什么都不好。案例中的徐老师也是如此,晕轮效应影响了她对两位同学的判断,从而产生了两种完全不一样的评价。二是学生与学生交往中的晕轮效应。多数大学生都能较好地处理环境带来的变化,恰当地处理人际交往中出现的问题,建立良好的人际关系。但也有不少大学生受晕轮效应的影响,在人际交往中以点概面或以偏概全,以主观印象评判他人,从而影响了正常的人际交往。案例中的小婷就是因为受晕轮效应的影响，没有与同学们建立良好的人际关系。这主要体现在两个方面：第一，因外貌因素而产生晕轮效应。外貌因素虽然只是一种外在因素，但在人际交往中的作用是不言而喻的。出于喜爱美、渴望美的天性，大学生很容易为靓丽俊美的仪表所吸引，以外貌粗浅地评价他人。小婷正是因为其他学生的仪表和经济条件与自己的预期不相符，对其他同学产生了不好的印象，才拒绝和他们交往。第二，因特长因素而产生晕轮效应。大学生比较崇拜和羡慕有真才实学的人，一般来说，如果一个人能力突出，在某方面有特长，他也会要求他的朋友或多或少有一些和自己差不多的特长，也就是共同语言。即使在交往中暴露出个人弱点，这些弱点也会被他的特长所掩盖。小婷只看到同学们的艺术特长不如自己，却没看到其他同学在待人接物、组织协调上的特长，从而做出"和大家没有共同语言"的判断。

工作思考和建议

晕轮效应会影响人们对事物和个人的判断，具有正反两方面的作用。一方面，学生可以善用晕轮效应，重视晕轮效应对个人形象的正面作用。学生可注重"内外兼修"，既关注内在修养，又不忽略外在形象。在与他人的交往中，要善于抓住展示机会，多如实展现自身的闪光点，以获得他人的正面评价。这就要求高校教育管理工作者充分注重学生特长的发展和能力的提高，指导学生展示闪光点，增强自信。例如，毕业生要如何在一大批求职者中脱颖而出？教育管理工作者可就简历、求职礼仪、面试技巧等多与学生交流，巧妙发挥晕轮效应的正面作用，提高学生的求职成功率。例如求职中可化淡妆，衣着整洁，让自己形象气质俱佳；善于深入挖掘、总结个人特长和荣誉，着重展示自己有分量的荣誉，必要时甚至可在简历中加粗、置顶相关内容；对自身不足，善用"春秋笔法"，淡化自身不足产生的负面效果。

另一方面，晕轮效应具有负面效果，会误导教师片面了解学生，评价、对待学生不够客观公正，从而引起学生反感，极大地影响教育的效果。因此，高校教育管理工作者在开展工作时必须克服晕轮效应，力求全面地看待学生。

　　同时，高校教育管理工作者还可通过采取相关措施、活动的方式帮助学生正确认识自己和他人，避免大学生人际交往中出现晕轮效应。一是采取角色互换的方法。通过心理位置互换，使人与人之间建立信任、和谐的关系，促进信息的正确传递，使得交往双方的感情在互动中升温，人际关系愈加融洽。二是开展有益的社会实践活动。要帮助大学生获得人际交往的智慧，可借助社会实践活动。大学生待在象牙塔，与社会接触少，社会阅历浅，在人际交往中难免会受晕轮效应的影响。高校教育管理工作者应有针对性地组织大学生参加社会实践活动，使他们在与社会的接触中拓宽视野、提高认识，提高全面了解情况、准确看待问题的能力，以便发现自己与他人的价值和潜能。

接种效应

——适当地接种批评教育

　　黄同学来自东部沿海地区，父亲是一家中型企业的董事长。与网上备受诟病的"富二代"不同，黄同学十分爱学习，知识面广，一进大学就在准备托福、雅思考试，准备出国留学。在黄同学心里，自己很优秀是毋庸置疑的。

　　大一军训时，黄同学做了班级负责人，竭诚为班级同学服务，还不时给同学带水果、矿泉水，深受同学们的好评。军训完后，他顺理成章地当上了班长。黄同学自信满满，脑子里全是美好的工作设想：力争当两年班长，把班级打造成省级先进班集体。黄同学基本每个月策划一次班级活动，有红色革命之旅、班级辩论赛、演讲比赛、英语风采大赛等。这些活动取得了很好的宣传效果，学院领导、辅导员也很满意，认为黄同学工作能力强、综合素质高。但班上同学对此并不买账，甚至满腹怨言，原因是黄同学每次活动开始前都不征求其他班干部和同学的意见，自己策划、组织，完全按照自己的思路，而到了活动开始就用班长手中的"权力"强制大家参加。刚开始，大家还积极配合，心里充满新鲜感，次数多了后，同学们极为不满，不时有同学借机不参加，也有同学向辅导员反映活动太多了。

　　辅导员找黄同学谈话，建议其今后注意班上同学的想法和情绪，不要凡事单干，置同学意见于不顾。黄同学心里很不是滋味，感觉受了很大的委屈。他觉得肯定是班上少数同学嫉妒他的才能，在同学中间煽风点火，给辅导员打小报告。黄同学仍旧一意孤行。大一下学期，开学第一次班会上，辅导员刻意没有一味地对黄同学上学期的工作进行表扬，而是委婉地指出了一些不足，比如不善于与班干部合作、不征求同学们的意见，虽然表面上达到了很好的效果，但是同学们并不满意。辅导员提的这些深得同学们的赞同，辅导员就是想给他点反向刺激。黄同学终于认识到自己的缺陷，从小"风光无限"的他，一时接受不了这种刺激，心里多少有点消沉。但接下来的活动组织、学年奖学金评比、评奖评优等，黄同学主动征求同学们的建议，尽量与班干部协作。其间，辅导员改变了大一上学期的单向表扬、鼓励的方法，每次都要挑出其中的缺点。快放暑假时，辅导员给黄同学下达了组队去老少边穷地区支教扶贫的任务，让他在实践中接受挫折教育、培养团队精神。

在辅导员不断的打磨中，黄同学重新获得了班级同学的支持和喜欢，虽然大二时班级没有获评省级先进班集体，但先后获得了校级先进班集体和校五四红旗团支部光荣称号，黄同学本人也连续两年被评为校优秀学生干部。

接种效应

接种效应是从医学中移用而来的，是社会心理学家威罗·麦克格里和他的同事在研究态度变化是否会出自人们过去对某个问题的体验时，用一种医学用语来描述的。他把处于态度改变情境中的目标比作一个正在受病毒侵袭的人，面临这种侵袭，如果这个人没有抵抗它的自然防御或抗体的话，病毒就会产生极大的危害。在医学中，有两种方法可以增强人类对疾病的抵抗力：第一种是补充维生素，增加营养和进行锻炼；第二种是给肌体提供产生抗体的机会，也就是接种少量的病毒——它不是危害健康，而是以刺激抗体的产生为目的。当人遭到大量病毒的侵袭时，肌体就会使抗体成为抵抗病毒的一种防御物。

威罗·麦克格里把这种效应应用于社会心理学中，他认为，对于劝导性攻击，同样会产生这种效应。他和迪米特里·帕普乔治斯进行的实验也充分表明了以上观点的正确性。他们让一组被试者发表自己的观点，然后这些观点受到别人的轻度攻击，而这组被试者把攻击驳倒了。他们后来又受到对其观点的强有力的攻击，这一组被试者所表现出的改变自己态度的倾向，比那些观点先前未受轻度攻击的被试者要小得多。事实上，对于反面的态度，他们曾受过"预防注射"，并能相对地免疫。

那么，接种效应是怎样起作用的呢？到目前为止也没有定论。但是有两点可以肯定：一是这种接种激发起他守卫自己信念的动机。二是这样做时，他得到了练习。为了激发一个人坚持自己的信念，就必须使他认识到这些信念的弱点(易受攻击性)。学会这一点的最简单的方法是，让他们去接受轻度的攻击，这样他们才能做好准备去抵抗更强烈的攻击。

接种效应在案例中的体现

平时，人们所坚持的信念从不被怀疑，当它们受到怀疑时，人们就容易对这些信念发生动摇。如受到严重攻击，这些信念就可能会土崩瓦解。在案例中，接种效应体现在以下几点：

(1)黄同学十分自信，甚至有点自负，在表扬、鼓励中长大，没经受过他人的哪怕是善意的批评，行事固执己见。因此，一个学期下来虽然做了许多工作，但同学们并不买账。

(2)辅导员抓住黄同学的"病根"，改变大一上学期一味表扬、鼓励的教育方式，采用了表扬与批评结合甚至后者更多的方式，并且指导其组队参加暑期社会实践，去老少边穷地区磨砺品格。辅导员很好地运用了接种效应的反向刺激，起到了很好的效果，促进了黄同学的成长成熟。

工作思考和建议

《论语·先进》载"子路问：闻斯行诸。子曰：有父兄在，如之何其闻斯行之。冉有问：闻斯行诸。子曰：闻斯行之。公西华曰：由也问闻斯行诸。子曰：有父兄在。求也问闻斯行诸，子曰闻斯行之。赤也惑，敢问。子曰：求也退，故进之。由也兼人，故退之。"这段话的意思就是说，冉有遇事畏缩，所以要鼓励他，子路遇事轻率，所以加以抑制，这段是孔子因材施教教育思想的生动体现。大学生个性多样，有的性格内向、信心不足；有的则骄傲自满、独断专行。这就需要教育管理工作者善于发现学生的个性特点，因人而教。该案例中的黄同学比较自负、"专制"。这类学生在教育管理过程中并不少见，需要运用孔子"退"的方法，对其进行反向刺激，让其多接受人生的挫折，才能更全面地成长。总而言之，当代社会是多面复杂的，与此相适应，人的个性也是多面的。而在教育管理过程中，要学会适当"接种"，合理地纠正学生的不足。对此，应当引导学生树立一个理念："全然接受自己"，既要经受得住表扬，也要经受得住他人的批评和不解；既要充分体验成功的喜悦、生活的快乐，也要有接受人生的失落和挫折的准备。

鲇鱼效应

——给班级加些刺激

由于多方面特别是就业方面的原因，思想政治教育专业在某高校各专业中不太吃香。该专业的学生大多是高考志愿填报的其他专业，因分数不够调剂过来的，虽说近年来，其社会知名度在不断提高，但相比其他专业，这个专业的学生就业时面临的困难仍然较多。每年该专业的毕业生都面临着就业瓶颈：想进公务员队伍，专业对口的太少；想进企业，企业对该专业需求不大；想进辅导员队伍，但现在又都要求研究生学历，并且辅导员岗位也不只面向思想政治教育专业的学生进行招聘。为此，某校只得缩减招生规模，由原来的两个班减到一个班。今年只招了28人。

这28位新生中，有22位是调剂进来的，原本高考成绩都不错，只是第一志愿的录取线高于分数线，无奈之下，被迫调剂到思想政治教育专业。虽然顺利进入了重点大学，但由于专业比较冷门，加之高年级学生有意无意传递出"就业难"的焦虑感，班上同学心里十分不好受，对自己的前途及接下来的大学生活失去了信心，28位同学像一群受伤的雄鹰，班级气氛也沉闷，从同学眼中看不出青春的朝气与自信。开学几个月来，班级同学都在沉闷中度过，既没有搞班级活动，院、校团学会以及社团招聘中也不见他们的身影，整个班级就像一潭"死水"，激不起半点涟漪。

对此，辅导员一直想采取一些措施激活这潭"死水"，让他们焕发出向上的动力，不虚度四年的大学生活。首先，辅导员邀请毕业五年、创业成功的师兄回到学校给他们做"大学该怎么过"的专题报告，用身边的典型进行榜样教育；其次，辅导员经过考察，发现、推荐了班上几位综合素质比较高、高中有过学生干部经历的同学到院团学会参加竞选任职；再次，辅导员重点找几位同学谈心，帮助其做好人生规划、确定在大学里的奋斗路线；最后，辅导员还多次建议同学们参加英语俱乐部、学生话剧团，与青年学生在一起，寻找、发现自己的才能和价值，并帮助家庭经济比较困难的学生申请到助管、助研等学生勤工助学岗位。

渐渐地，辅导员的工作有了成效，同学们的信心被激活了，班上形成了一种力争上游、奋发向上的氛围，不少同学活跃在学校各个角落。毕业时，有 6 位同学成功考取选调生，9 位同学考上研究生，毕业就业率100%，高出学校平均就业率几个百分点。

鲇鱼效应

挪威人喜欢吃沙丁鱼，尤其是活鱼，市场上活沙丁鱼的价格要比死沙丁鱼的价格高许多。所以渔民总是千方百计地想办法让沙丁鱼活着回到渔港。虽然经过种种努力，绝大部分沙丁鱼还是在中途因窒息而死亡。但却有一条渔船总能让大部分沙丁鱼活着回到渔港。船长严格保守着秘密。直到船长去世，谜底才揭开。原来，船长在装满沙丁鱼的鱼槽里放进了一条以鱼为主要食物的鲇鱼。鲇鱼进入鱼槽后，由于环境陌生，便四处游动。沙丁鱼见了鲇鱼十分紧张，左冲右突，四处躲避，加速游动。这样沙丁鱼缺氧的问题就迎刃而解了，沙丁鱼也就不会死了。这样一来，一条条沙丁鱼欢蹦乱跳地回到了渔港。这就是鲇鱼效应。

鲇鱼效应在该案例中的体现

利用鲇鱼效应是教育管理工作者激发学生活力的有效措施之一。当一个集体的氛围达到较稳定的状态时，常常意味着学生学习积极性的降低，一团和气的班级不一定是一个高效率的班级，这时候鲇鱼效应将起到很好的"医疗"作用。一个班级中，如果始终有多位"鲇鱼式"的人物，无疑会激活学生干部队伍，提高学习热情。由于对专业前景感到迷茫，思想政治教育专业28位同学组成的班级一开始时"死气沉沉"，同学们普遍严重缺乏专业认同感，进而丧失了人生奋斗的动力和目标。对此，辅导员采取了一系列措施，寻找"鲇鱼"来激活他们。辅导员邀请成功创业的师兄做报告，建议同学们竞选团学会、加入学生社团等，这是从外界发现"鲇鱼"；其后，找班上同学谈心，帮助其做好人生规划，这是发现、树立班级内部的"鲇鱼"。无论是外界的"鲇鱼"，还是内部的"鲇鱼"，都带来了新、奇、异，包括不一样的观点、经验、习惯，正因为不同，才会激发智慧，给整个班级带来活泼的气氛，带来创新，带来多赢。只有班级形成了压力，存在竞争气氛，班级成员才会有紧迫感、危机感，才能激发进取心，班级才能有活力。

工作思考和建议

无论是在企业还是在学生班级，一个组织内总要有一些"鲇鱼"型人才的存在，才能永葆组织的生机与活力。在学生班级管理中，教育管理工作者要善于发现、创造"鲇鱼"，采取有效措施，充分发挥"鲇鱼"型人才的带动作用，实现以点带面的效果，具体而言就是要做好榜样教育、朋辈教育。从马斯洛的需求层次理论来说，人到了一定的境界，其努力上进的目的就不仅仅是为了物质，而更多的是为了尊严，为了得到老师、同学的肯定，为了自我实现的内心满足。所以，当把"鲇鱼"放到一个班级里面的时候，那些已经变得有点懒散的班级成员，迫于对自己能力的证明和对尊严的追求，不得不再次努力学习，以免其他的同学在成绩、表现上超过自己。当然，"鲇鱼"型人才在班级中也容易走向恃才傲物的极端，个性张扬，容易引起同学们的不满，这就需要教育管理工作者引导其把握好度，正确处理好人际关系。同时，教育管理工作者自身也要把握好度，不可将关注点完全放到那几只"鲇鱼"上，这样易引起其他同学的不满，起到教育反作用。

鸡尾酒会效应

——成为深入学生心里的声音

「**案例回放**」

在高等教育中，思想政治理论课的重要性与日俱增。近年来，我国高校思想政治理论课建设取得了巨大成绩，但仍有个别老师的思想政治理论课没有讲出应有的精彩。小朱是大二学生，他们这学期开了毛泽东思想和中国特色社会主义理论体系概论课。每次上课都是这样的情形：谢老师站在讲台旁边，一手叉腰，一手做着单调的手势，声音不大、自我陶醉地讲课。下面的同学则是各忙各的，抬头率很低。有的同学甚至整堂课都在聊天，对老师的讲解一个字都没有听进去。这天，学校党委书记专程坐在教室里听了谢老师一堂课，听着听着不由得皱起了眉头，这课讲得实在是太枯燥了，也难怪学生听不进去。他也想顺便了解学生的看法，结果大多数学生说："老师讲的一字一句都是书上的内容，还不如自己看书。""反正老师也不认识我们，讲话被发现也没有关系。""是啊，老师点名的时候都不抬头看我们的。"学校党委书记听了这堂课后心情非常沉重，心想要是思想政治理论课都像这样子上下去的话，学生几乎学不到什么东西，这如何能落实立德树人根本任务？

鸡尾酒会效应

当人们在鸡尾酒会上时，往往会出现这样的情形：觥筹交错，人声嘈杂。但是如果你正专注于和一位富有魅力的先生或者是小姐交谈，即使周围噪声再大，你耳中仍然能听到对方的一言一语，完全觉察不到周围的各种嘈杂声。在这样的情况下，你是听不清周围人谈些什么的。但是如果哪个角落突然传出你的名字，你马上就会警觉起来。有时候你还会听到某个熟人的声音，会不由自主地朝某个方向看一下，然后去和他打个招呼。看来，人的耳朵具有过滤声音的功能，在鸡尾酒会上，你听到了你想要听到的：交谈双方的声音、自己的名字和熟人的声音。这种现象被称为鸡尾酒会效应。

鸡尾酒会效应在案例中的体现

从鸡尾酒会效应的内涵里，我们可以找到三个关键点，即"交谈双方的声音""自己的名字""熟人的声音"。上述案例也就是从这三个关键点来体现鸡尾酒会效应的。第一，交谈双方的声音是人们在鸡尾酒会上的注意对象，其他的声音不过是一种背景。此外，交谈双方还会时不时地做些相关手势、表情、动作来提供话语理解的线索。案例中的老师采用了灌输式的教学方式，无法吸引学生注意，学生窃窃私语，老师的声音仅仅被当作一种感知背景，而非被追随的声音对象。课堂中，教师的声音被视为背景，其教学效果也不言而喻，自然大打折扣。第二，不管交谈得多么投机，还是能够听到自己的名字。凡是关系到自己的事，人们当然会感兴趣。比如，人们在看集体照时，首先会找到自己在照片中的位置。而案例中的谢老师叫不出一个学生的名字，甚至连点名都不会抬头，为学生制造了大胆开小差的机会。学生将课程当作与自己无关的事情，课程参与度大大降低。第三，熟人的声音之所以能够在嘈杂中被听到，是因为熟悉的信息激活了记忆中的相应模块。而案例中的谢老师由于声音小，讲课方式不得当，没有给学生留下深刻的印象，所以上课的时候学生听不见他的声音，难以激发强烈的学习兴趣。

工作思考和建议

当代大学生越来越具有独立思考的意识，更加希望获得平等、公正的待遇，畅快地表达自己的思想，也更加关注个性的发展。大学生思想意识成长的新变化相应地对思想政治理论课提出了新的要求。然而，当前大学生接受思想政治理论教育时面临着各种问题：有的大学生存在着错误认识，对马克思主义理论学习有逆反心理；有的大学生认为思政课程没什么用途，缺乏学习主动性和科学态度；在过去相当长的时期里，思想政治理论教育体系在内容、设置上缺乏科学的研究和规划。特别是思想政治理论课教师队伍人力短缺、整体素质有待提高，传统的"灌输式""一言堂"的教学方式不适合思想政治理论课的要求，更加不符合大学生身心发展的特点，容易产生案例中的鸡尾酒会效应。

因此，高校思想政治理论课教师应该从各方面提高自己的素质。一是要精心备课，将马克思主义中国化的最新理论成果以学生喜闻乐见的方式深入浅出地传授给学生。二是在课堂上讲课时，要注重直观性、生动性，语调可以抑扬顿挫，身体语言可以更加丰富。这样才能长时间吸引学生的注意力，使自己成为学生的注意对象，而不是学生交头接耳的背景。三是熟悉学生的名字，采取个别提问的方法，使学生成为自己的直接交流对象。每个人的名字都是自己最亲切的符号，学生会因为老师记住自己的名字而心存感激，激发听课的兴趣。四是学会利用与学生有切身关系或学生熟悉的生活经验，因势利导。比如了解学生的个性、熟悉与他们有关的事物，使自己成为学生的朋友，而不是权威的符号。只有成为他们熟悉的人，教育者的声音才能变成学生的耳朵过滤不掉的声音。

定位效应

——帮助学生精准定位

某高校商学院 2018 级某女生宿舍共有 6 人，军训开始不久就自成三派。两位女生来自省会城市，毕业于省属重点高中，经常一起外出逛街购物；两位女生来自农村，性格内向，学习刻苦，经常一块上自习；另外两位女生来自省城周边的县城，经常处于两派中间做协调工作。

起初，三派互相不满，相互指责。比如在作息时间方面，大城市来的女生嫌农村来的女生起得太早，影响其休息；农村来的女生说大城市来的女生晚上太闹，影响其睡眠；而县城来的女生则说一个太晚、一个太早，导致其根本无法入睡。矛盾还体现在宿舍管理和生活用品购买方面：一方指责另一方懒惰，不进行卫生打扫；来自省城的指责来自农村的从不买洗衣粉和晾衣架。此外，学业成绩好坏不均，获取奖助学金人数不一，班级男女同学的感情纠葛等一系列的原因，使得这个宿舍一度呈现出"冷战"局面。

对此，她们三派各执己见，时常因为一点小事闹得不可开交，每次都拿以前对方的缺点说事，完全看不到对方的优点和进步。一段时间后，事情传到辅导员耳里，辅导员决定帮助她们"化解"矛盾。

辅导员参加中华经典文化传播志愿者活动一年有余，学习了许多心理学理念,决定采用"心灵对话"的模式化解她们的矛盾。辅导员向学校心理健康教育中心借了一间团体辅导室,在一个周六的晚上把六位女生约到一起。大家围坐在一起,在辅导员的引导下,放下以往的成见,进行平等、真诚的沟通。随着沟通的深入,坚冰逐渐消融,误解逐步化解,共识逐渐出现。最后,大家达成了相互理解、原谅彼此的共识,都愿意以坦诚的态度和深入的沟通对待以后出现的问题,珍惜缘分,共同度过美好的大学生活。

定位效应

含有取代基的苯衍生物在进行芳香族亲电取代反应时,原有的取代基对新进入的取代基主要进入位置,存有一定指向性的效应,称为定位效应。在社会心理学中,人们把一个人自己选定的角色位置不因其他因素而发生太大变化的现象,称为定位效应。社会心理学家曾针对此做过一个试验:在招集会议时先让人们自由选择座位,之后到室外休息片刻再进入室内入座,如此五至六次,大多数人都选择了他们第一次坐的座位。

定位效应在案例中的体现

定位效应跟首因效应、刻板效应在产生的后果上有点类似。定位效应受先入为主思维、定位者特质(包括定力特质、惰性心理、过度自信)的影响,另外也因为定位者自我认知协调一致的心理需求。该案例中,此效应主要体现在以下几个方面:

(1)六位女生受以下几个因素影响产生定位效应。刚上大学时,六位女生因为成长环境的不同而自成三派,受先入为主因素的影响,导致一开始就分流派、分团体,各自定位自己与对方的位置,为之后的冲突埋下了伏笔。

(2)随着时间的推移,六位女生被以前形成的刻板印象所干扰,受心理惰性影响,不愿意改变以往的认知、从新的角度看待他人。这是他们各自定位偏差导致的后果。也是由于定位问题，她们互相难以理解，更不愿意去花时间沟通。没有契机沟通的她们互相之间只会越闹越不开心。同时，从心理角度来讲，每个人内心都不愿意接受自己有前后认知偏差，而自始至终带着偏见看待他人。

（3）辅导员老师带领她们沟通之后，思维定式被打破，从而使得她们有了互相了解的契机，这也是后来双方发现定位偏差的主要原因与矛盾化解的关键因素。

「工作思考和建议」

定位效应根源于人的思维定式，人们总是会不自觉养成固有的心理、产生不变的行为，进而影响日常生活，造成人际冲突。在该案例中，辅导员的处理方式新颖，实现了很好的育人效果。"心灵对话"是当下流行的一种先进理念，倡导放下成见、真诚对话，相信结果会自然形成，以圆桌会议的形式，达成一致。大学生来自不同的地域，有着不同的家庭成长背景，具有不同的个性，个体意识比较强，而集体生活意识比较弱。尤其是独生子女，从小生活在自我独享的空间，与人合作、分享，互相谅解、沟通的能力较为薄弱。这些都是大学新生成长所要面临的需要实现转化的问题。

作为教育管理工作者，也要切记防止自己出现定位效应，不要因为自己可能存在的顽固思想导致教育工作出现偏差，进而导致与学生发生不必要的冲突。

教育管理工作者不应仅满足于学生日常事务管理，还应当是学生健康成长的心灵导师，要不断提升理论素养，学习心理学知识，了解人性的复杂，善于运用团体辅导等技术手段，培养学生的合作意识和宽容心态。

激惹效应

——教育要从尊重开始

「案例回放」

六月的一天，某高校文学院 2018 级 100 多名学生参加学校毕业生晚会"青春之歌大家唱"彩排。校团委要求所有学生下午 6 点在学校电影院门口集合，集合完毕后，由辅导员组织入场。文学院的同学们都在 5 点 50 分之前准时集合完毕，无一人迟到。各班班干部给所有参加节目的同学发放道具，6 点准时由辅导员带队进场，到达彩排现场后，同学们井然有序，按照节目导演的要求坐在指定的座位区域等待节目彩排的开始，6 点 30 分，节目正式开始彩排。文学院同学们积极地按照之前导演的排练要求做，以体现学院学子良好的精神风貌。

但是在节目彩排过程中发生了一个小冲突，原定由文学院同学领唱的《毕业歌》临时变成了由法学院和信息院的同学和文学院同学一起唱。导演和摄制组给的理由是文学院的座位离舞台太远，文学院来的学生也较少，所以安排两个大院的学生一起唱。除此以外，音响舞台组还唯独没有给文学院领唱队的同学麦克风。而这一切，导演都没有事先跟带队辅导员和同学商量，这引起了原本很积极参加此次节目的同学们情绪上的波动。有同学跑去跟导演反应同学们的不满情绪，但似乎并没有引起导演的重视。此时的电影院异常闷热，文学院的学生到场最早，想着好好表现，用歌声为毕业的学长学姐送去祝福。但导演和摄制组并不把这一小细节放在眼里，完全把学生当作临时抓来的"壮丁"，不顾学生的想法。这导致同学们满腹怨言，情绪低落，在之后的彩排中也有些同学没有很投入，但大部分同学都还是在控制着情绪，积极配合着节目的彩排。

导演似乎对此并不满意，他看到这种情况后，不是事先找辅导员提出来要同学们注意一下，而是站在舞台的中间，当着全校所有参加此次节目彩排学生的面，拿着话筒严厉批评文学院的学生，说文学院的学生根本就没投入，表现十分差，影响整个效果，跟别的院的学生根本比不了，文学院的学生就是懒散惯了。这几句话一说，彻底把文学院的学生激怒了，大家原本心里就很不满，导演居然还不顾客观事实，当着众人的面严厉批评，而且明显对文学院的学生不尊重。在几个同学的带领下，100多人愤然离场。辅导员见状马上跟出去，从大局观念、学院形象等多方面劝说，用了近20分钟才把大家劝回去彩排。

事后，各班班长又找到辅导员，代表所有同学要求主办方给个说法，否则拒绝参加第二天的正式演出。辅导员将此事汇报给主管学生工作的学院党委副书记，学院党委副书记当晚就跟校团委组织此次活动的副书记交涉，同时跟辅导员一起组织大家开会，劝导同学们端正态度，一定要确保参加第二天的毕业晚会。第二天上午，校团委副书记就此事召开专门会议，会上，文学院党委副书记、辅导员、学生代表和活动主办方都充分发表了意见，导演对当时的过激言论进行了致歉。大家经过交流，消除了误会，达成了共识，当晚的毕业晚会圆满举行。

激惹效应

激惹效应是指在交谈中，特别是在棘手的谈判过程中，只因某一句话或一个词触到对方的隐私，伤害了对方的自尊，冒犯了对方，就可能使对方勃然大怒，使谈判失败。激惹效应在日常生活中较为常见，往往因为对方的一句话而引发双方的冲突，影响人际交往。

激惹效应在案例中的体现

日常生活中，我们总会因为别人触犯了自己的底线而感到怒火中烧。在该案例中，激惹效应主要体现在以下几个方面：

（1）文学院100多名2018级学生在辅导员的带领下很积极地配合校团委组织的毕业生晚会彩排，导演和摄制组在不通知辅导员和同学的情况下，临时改变安排，唯独不给文学院领唱麦克风，还当着所有的学生面严厉批评。这种种行为，没有思考学生的心理感受，不尊重学生的想法，是激惹效应爆发的原因。

（2）由于上述行为激起了同学们的强烈不满，导致100多人气愤地离开彩排现场，激惹效应产生了消极的效果。激惹效应告诉我们要充分地尊重学生的思想，将学生的想法列入我们进行教育管理工作的一号位，这样才能更有效地开展活动，打破和学生交流的屏障。

工作思考和建议

在人际交往中，很多人常常会因为对方不合时宜的一句话而感到不满。特别是在大学里，学生来自不同的地域，受着各种各样的因素的影响，都具备不同的个性心理和行为特征，稍不注意，容易产生激惹效应。

如老师在课堂上对表现不好的学生不恰当的批评、学生对班上"弱势"同学的隐私泄露和刻意挖苦等都会产生激惹效应而引发人际冲突。

所以，高校教育管理工作者需要在学生教育管理过程中，适时适地地对学生进行语言、行为等与人相处的技巧的指导，尤其要提醒学生在日常生活中注意性格敏感的同学，学会交往的艺术，融洽人际交往氛围。同时在沟通的过程中，充分考虑学生的感受，尊重学生的人格、保护学生的隐私，把学生的思想列入教育的一环。只有这样，才能更好地和学生进行沟通，才能把思想政治工作做深、做实。

登门槛效应

——如何学会拒绝

小芳是个热心肠的人，她希望在大学里能交很多朋友，所以对每个人都很好。刚开始，室友们只是在小芳下楼打开水的时候让她帮忙带一壶开水，或者是在她出去吃午饭的时候帮忙带一份午餐。这些事情都是顺便做的，她自然毫不犹豫地答应。一开始只有一个室友要她帮一下忙，渐渐地，室友们都不自己去打开水、打饭了，要小芳带给她们。她每次下楼的时候要带上一个很大的购物袋，不然放不下这么多东西。尤其是打开水的时候，她一个人提四个暖瓶，经常累得上气不接下气。后来，小芳发现，室友们要自己帮忙的事情越来越多了，从来都没有人主动打扫宿舍卫生，因为她们觉得小芳肯定会主动打扫。室友们甚至觉得课程论文都是小芳写得最好，要她帮忙写。小芳每天忙得焦头烂额，但对同学们的要求，她又不好意思开口拒绝。一天，小芳正赶着去上课，心想千万不能迟到，因为上这门课的周老师最厌恶的就是学生上课迟到了。她刚从六楼走到楼下，室友小章打电话说她已经在教室了，让小芳帮忙打一壶水，最好是提到宿舍，不然怕被人拿走了。于是小芳飞快地跑回宿舍取了小章的暖瓶迅速打好水送回宿舍，又拼命地往教室跑，结果还是迟到了 5 分钟。老师不由分说，要扣她该门课程的平时成绩 5 分。

小芳感到非常困惑，她已经习惯了帮助别人，不好意思拒绝别人，也不知道怎么去拒绝别人，而且害怕同学们对自己产生不好的印象。有时，她甚至连自己本来就不会的事情也会先答应着，然后再想办法去解决，如果到了关键时刻无法解决她就会急得像热锅上的蚂蚁。可是她越是不会拒绝，同学们要求她做的事情就越多，她现在一肚子的苦水不知道向谁诉说。

最终，她决定去找辅导员讲一下自己的烦恼。辅导员告诉她要学会适当地拒绝，当自己力所不能及的时候不要轻易答应别人的要求。辅导员建议她在帮助别人的前提下，可以先拒绝别人较高的要求并告诉对方足够的理由，慢慢地去拒绝其他的要求。当然，前提是自己确实没有时间或者确实不能帮助。其实帮助别人的前提是自己有这个能力做好某件事，不会因为帮助别人而使自己烦恼，因为热心助人是一件快乐的事情。小芳决定努力去试试，原来室友们并没有因为小芳的拒绝而对她产生任何看法，小芳心里轻松多了。

现在，小芳还是那个好心肠的小芳，不同的是她没有再像以前那样忙得不可开交，她现在学会了力所能及地帮助他人。她跟室友的关系也变得更加融洽了，因为她对她们不再有各种担忧和顾忌。

登门槛效应

美国社会心理学家弗里德曼与弗雷瑟做过这样一个实验：他们到两个居民区劝说人们在房前竖一块写有"小心驾驶"的大标语牌。在第一个居民区，他们直接向人们提出这个要求，结果遭到很多居民的拒绝。而他们在第二个居民区先请求居民在一份赞成安全行驶的请愿书上签字，这是很容易做到的小小要求，几乎所有的被要求者都照办了。他们在几周后再向这些居民提出竖牌的要求，竟然大多数居民都接受了这一要求。为什么同样都是竖牌的要求，却会产生如此截然不同的结果呢？研究者认为，人们拒绝难以做到的或违反个人意愿的请求是很自然的，但一个人若是对于某种小请求找不到拒绝的理由，就会增加同意这种要求的倾向；而当他卷入了这项活动的一小部分以后，便会产生自己以行动来符合所被要求的各种知觉或态度。这时如果他拒绝后来的更高要求，自己就会出现认知上的不协调，而恢复协调的内部压力会使他继续干下去或做出更多的帮助，并使态度的改变成为持续的过程。运用这个方法来使别人接受自己的要求的现象叫作"登门槛技术"。在心理学中，登门槛效应指的是如果一个人接受了他人的微不足道的一个要求，为了避免认知上的不协调或是想给他人留下前后一致的印象，就极有可能接受其更高的要求。

登门槛效应在案例中的体现

日常生活中，登门槛效应其实很常见。比如：交警在执勤时，发现有人违章驾驶，截停违章司机后用严厉的言语训斥他，或粗暴地责令其交出驾驶执照以登记罚款，这样的态度很容易造成司机心理上的抵触，从而人为地增加了工作的难度。这时，不妨考虑根据登门槛效应的原则，换一种沟通方式与司机进行交流。如截停当事人后，首先微笑并敬礼示意，再对他进行简短的交通安全常识宣传，然后指出其属于哪一种违章，可能会导致什么样的后果，尽量从当事人自身安全的角度来劝说，使他真正意识到自己的过错。在本案例中，登门槛效应主要从三个方面来体现：

1. 室友们的得寸进尺

很多人都有这样的一种心态：最初是因一件微不足道的事情满足别人的要求，但我们已经在他人心目中留下了良好的第一印象。当别人再要求我们做更大的或者更困难的事情时，虽然主观上不是很情愿，却碍于不想破坏在对方心中良好的第一印象，而去答应对方的要求。也就是说，人们在潜意识中总是希望给人留下首尾一致的印象。正因为这样，我们才会满足他人得寸进尺的要求。小芳正是因为这样的心态而不好拒绝，室友们也自然地提出了得寸进尺的要求，即出现了登门槛效应。

2. 小芳认知上的失调

相关研究认为，在日常生活中，人们一旦找不到拒绝某种小要求的理由，就会增加同意这种要求的倾向；而当他接受了这项活动的一小部分要求以后，便会产生认为自己是主动帮助他人的人的自我认知、自我概念或相应的态度。这时如果他再去拒绝后来提出的更高要求，就会出现认知上的不协调。于是恢复协调的内部压力就会促成他继续干下去或做出更多的帮助和努力，并使这种认知或态度在其个体身上较持久地保持下来，如果处理不当，会形成焦虑等不良心理倾向。小芳就是因为产生认知失调而给室友提供了"登门槛"的机会。

3.辅导员教小芳学会"反登门槛"

"反登门槛"就是从最有理由拒绝的要求开始，对别人提出的要求的一种合理的拒绝，这是避免他人得寸进尺的有效手段。辅导员的引导使小芳学会了运用"反登门槛"技术来拒绝他人的不合理要求，有效地避免了"登门槛效应"的负效应进一步发生。

工作思考和建议

作为高校教育管理工作者，我们应该理解登门槛效应的内涵和意义，学会在教育管理工作中合理利用登门槛效应。要引导学生如何在日常生活中学会合理运用"登门槛"的技巧来与他人进行沟通，得到对方的配合与支持。值得注意的是，在"登门槛"的过程中，不能得寸进尺，要求要适当、合理。要帮助学生树立正确的认知，尽量避免出现"认知失调"而产生登门槛效应的负效应。认知失调是指个体在认知过程中，由于已有的经验、态度不能解释遇到的问题而产生的心理不平衡感。个体一旦出现认知失调，在认知方面就可能产生矛盾和冲突，易感到紧张不安，这时个体就会努力地解决这些矛盾和冲突以求得内心的平衡。因此，如果学生出现认知失调，很容易接受别人的任何得寸进尺的要求，不利于成长。

同时，登门槛效应在"后进生"的转化工作中也有明显的作用。我们可以利用"登门槛"的正面影响帮助"后进生"逐步走向正轨，而不产生过度的逆反心理。这样"后进生"可能逐步在门槛的拉低过程中，寻找到前进的动力。

当然，对于那些性格内向的、不懂拒绝的学生也要教会他们反登门槛的方法，不要被过度的要求压低了自己的人生，影响了自身的发展。

海潮效应

——推着学生向前

新生军训伊始,小王同学充满好奇,干劲十足。但随着军训时间及强度的增加,他开始产生了消极的态度。第一次远离家乡且自理能力较弱的小王感到很无助,身边没有倾诉的对象,又缺少与家长和室友的沟通,这些都让他开始产生逃避的心理。渐渐地,小王开始频繁以身体不适为由缺席军训,不是在玩手机就是在寝室睡觉,与同学们的交流更加少了。

辅导员发现小王的反常之后,开始在各寝室走访,抽出大量时间与新生们聊生活,聊军训,聊未来的学习,分享自己的经验,与大家交朋友。同时,辅导员军训全程跟训,拍下了许多有趣、有意义的瞬间分享到刚刚组建的家长群中,并鼓励家长主动与孩子沟通并给予他们支持。

在辅导员的多次促膝谈心后,小王开始尝试着主动与室友、同学交流。在与父母的几次闲聊后,也开始学着主动与父母分享日常琐事。休息日,军训代表和寝室长组织同学们玩破冰游戏,并邀请了辅导员。他们鼓励小王和班级同学参加并展示自己的优点,原本有些腼腆的大家在破冰后逐渐熟络起来,大家庭的气氛越来越活跃,小王和寝室长更是成了死党。

后来,小王开始积极应对遇到的困难,在父母的鼓励下向辅导员请教解惑。辅导员在交流中发现小王的细心负责,鼓励小王参加学生工作,多与同学交流，提升自己的能力，补足自己的短板。小王听取辅导员的建议认真准备竞选班委并获得了同学们的认可。

现在，小王学会了合理分配工作和学习的时间。他与同学的聊天诙谐轻松，深受同学欢迎；他也能够积极地与家人交流，适时表达自己对父母的感恩之心；他还在与辅导员的多次交谈中发现所学专业的优点，确立了要读研深造的目标。不仅是小王，他们的班级也一直迸发着砥砺奋进的精神，每一位同学都不断地汲取知识，互帮互助着向人生理想奋进。

海潮效应

海潮效应，是指海水因月球和太阳对地球的引力而涌起海潮，引力大则出现大潮，引力小则出现小潮，引力过弱则无潮的现象。

人才与社会时代的关系也是这样：社会需要人才，时代呼唤人才，人才便应运而生。依据这一效应，国家要加大对人才重要性的宣传力度，形成尊重知识、尊重人才的良好风气。

同样的，在学校中，如果辅导员与学校给予学生更多的情感支撑，以情动人，以理服人，那么学生也会因这种关怀照顾回馈爱，并迸发出更大的前进动力，为人生理想努力奋斗。

海潮效应在案例中的体现

案例中的小王所遇到的问题是大学生活中很常见的问题之一，辅导员的解决方法不同，产生的结果也就不同。辅导员如果能够充分地利用海潮效应，更多地从情感上给予支撑，给出更多鼓励与肯定，那么学生所获得的动力也就越强劲，向好发展奋斗的引力就会越大。案例中的辅导员在引导一个学生甚至一个整体时充分应用了海潮效应。一是辅导员鼓励家长与孩子平等交流。家长相对于其他人更加了解自己的孩子，但如果可以将这种了解换一种方式表达出来，将大大提高与孩子共同成长的成功率，也将为其提供最有力的支撑和引导。二是辅导员与学生一起参与活动。辅导员在寝室走访，与同学们闲聊，以"过来人"的身份与学生共情，更容易产生共鸣。

工作思考和建议

海潮效应给我们的启示是：贴近学生生活，贴近学生需求，贴近学生实际，与学生多接触、多交流，真正做到以理服人、以情感人、寓情于理、寓教于情，注重渗透性，才能有的放矢，增强教育管理工作的针对性与实效性。

首先，对学生要有诚挚的情感。诚挚的情感是获得共同语言的基础，感情上亲近，谈话才亲切，相处才亲密，也才能做到"通情达理"，收到事半功倍的教育效果。否则，就谈不上动之以情。其次，对学生要有满腔的爱心。热爱学生是辅导员的基本素质。辅导员热爱学生必然得到学生爱的反馈，这就有利于在班级、学校中形成尊师爱生的风气，而这种师生之间爱的情感交流，有利于将辅导员的要求转化为学生的行动。再次，对学生要严而有度。严格是以爱为基础，但同时又对爱有所限制。情感教育中的爱，不是放纵、护短和迁就，而是要给爱提供一个"度"：它要求辅导员对学生不能感情用事，不要偏爱、溺爱和纵爱，而要对学生充满责任感和理智。如果辅导员不加分析地严厉指责学生的错误，不但不利于纠正学生的错误，反而易使其产生逆反心理，增加师生之间的情感距离。最后，由少数牵动整体。辅导员可以由几个人入手来小规模地运用海潮效应，再由几个人引发源源不断的海潮效应，由少数人牵动多数人，让更多的个体展现自己的实力，为整个集体共有的目标共同奋斗。

马太效应

——把握成长的天平

　　小李和小王是同一所高校某专业的同学，虽然来自不同的地区，但阳光开朗的他们在进入研究生学习阶段后，很快就成了无话不谈的好朋友。熟悉他们的朋友都知道，他们的风格各不相同。小李是标准的"科研达人"，入学一年多以来，已经发表多篇论文，并顺利地拿到了上一学年的国家奖学金和专项奖学金，对于未来的博士学习也早已做出了规划；小王则更喜欢广泛地涉猎各种知识，虽不如小李发表的论文多，成绩上也能排在班级前列，并且小王从入学以来一直担任班长，是公认的老师的好助手、班级的好班长。两人平日里经常一起学习，颇有些"一时瑜亮"的意味。就在昨天，辅导员转发了学校关于评选优秀学生标兵奖学金的通知，根据人数比例，小李和小王所在的专业有一个推荐优秀学生标兵奖学金的资格，虽然平日里关系很要好，但要求上进的性格促使两个人都申报了本次的"优秀学生标兵奖学金"。同学们都很期待这一次班级的"双子星"谁能脱颖而出。经过个人申请、材料评审、学院审核，结果终于在一个星期后产生，小王将代表学院参加学校优秀学生标兵奖学金的竞选。

　　这个结果并没有在同学们之中产生什么异议，但小李却很失落，他纠结了好久，不知道自己究竟差在了哪里。终于，在三天之后，经过心理斗争，小李去联系辅导员，想要"讨一个说法"。在小李看来，自己的论文数量是最多的，又比其他同学多了国家奖学金和专项奖学金，支撑材料应该更充实才是，为何落榜了呢？

辅导员廖老师听到小李的申诉，并没有急于给出答复，反而夸奖了小李科研效率高，有自己的追求，进而问了小李一个问题"你觉得小王配得上本次的优秀学生标兵奖学金吗？"小李迟疑了一会，回应"符合，但我也符合啊。"廖老师这时候教育小李，"奖学金设立的目的是鼓励先进、鞭策后进，如果因为你的论文数量最多，就把所有的荣誉都给了你，其他同学还会有参与的热情吗？而且，你想一下，小王和你相比，他有什么优势呢？"听完廖老师耐心的解答，小李似乎恍然大悟，他一下子想到在年级会上廖老师给大家讲的"马太效应的陷阱"，自己好像已经掉入了陷阱之中。想到这里，小李也释怀了，又变回了那个品学兼优、阳光开朗的少年。

马太效应

马太效应源自《新约·马太福音》的一个小故事：天国主人要外出，临走前把家产分给 3 个能力不一的仆人，其中两位拿所得的家产赚回原数的财富，另一位则把家产埋到了地里。主人回来，对前两个仆人大加赞赏，用原数奖励他们，却把第三位仆人的千两银子收回来奖给了第一位。这就是《圣经》中"马太福音"第二十五章中的几句话："凡有的，还要加给他，叫他多余；没有的，连他所有的也要夺过来。"1973 年，美国科学史研究者莫顿用这句话概括了一种社会心理现象："对已有相当声誉的科学家做出的科学贡献给予的荣誉越来越多，而对那些未出名的科学家则不承认他们的成绩。"莫顿将这种奖励制度上优势积累的现象概括命名为马太效应。显而易见，马太效应的结果是偏重"锦上添花"，而忽略了"雪中送炭"，这将是对后继人才的一种扼杀。

马太效应在案例中的体现

马太效应在本案例中主要体现在奖学金评定的过程中，小李因为发表的论文数量多，顺理成章地获评了年度的国家奖学金和专项奖学金，也正因为成果和荣誉的积淀，在"优秀学生标兵奖学金"的评选中，其又一次成了该奖学金的主要获评对象。当奖学金或者相关荣誉数量相对有限的时候，马太效应会使这些荣誉或者成果集中在小李等少部分同学的手中。

学院领导和辅导员廖老师认识到马太效应的存在，为了使奖学金能覆盖更多学生，真正实现奖学金的作用，最终将本次奖学金评给了同样非常优秀，并且发展更全面的小王。当小李提出异议的时候，廖老师又引导小李认识到马太效应带来的不利影响，并激励小李继续努力，发现自己的缺点和不足，从而进一步提高自己。

工作思考和建议

奖学金作为高校教育管理工作中一项重要的系统性、常规性工作，是我国学生奖助体系中的重要组成部分，对"鼓励先进、鞭策后进"起着重要的激励作用。但奖学金评定过程中的马太效应，却在一定程度上削弱了奖学金的激励导向作用。为有效防止奖学金评定过程中的马太效应，应该从各方面入手，创造良好的奖学金评定环境。

高校教育管理工作者应当了解并重视马太效应的存在，认识到马太效应的不利影响，尤其是在奖学金评定过程中的不利影响。首先，应当针对马太效应的特点进行制度保障，良好的制度保障也是老师们为克服马太效应需要重视的内容，学院应从学生成长需求的角度制定符合学生实际的评优办法，将更多的学生纳入评优、评先进或评奖学金的行列中来，针对不同风格学生的特点，分门别类地设置专项奖学金和加分项，鼓励大学生向着德智体美劳全面发展的方向进步。其次，着手成立负责奖学金评定细则制定、修改和实施监督的奖学金评定专门委员会也显得非常重要，做好对获奖学生事迹的宣传和跟踪调查，通过个案教育更多学生，从而使奖学金评定起到广泛的激励效果，有效避免马太效应带来的两极分化现象。最后，在评选的过程中，应尽可能保证奖学金覆盖更多人群，也应注意对错失奖学金学生的心理疏导和激励，使学生树立正确的荣誉观，正确看待奖学金，进一步正确认识和评价自己，学会发现自己身上的闪光点和不足之处，不断进步，勇于挑战自己的短板。

结盟效应

——构建好社会支持系统

　　由于学校专业发展需要，要在原先的公共管理大类的四个班级中挑选出部分学生学习思想政治教育专业。由于是重新组建的班级，班上很多同学都以原班级同学为交友对象，一时间，班上出现了很多小团体，班级成了一盘散沙，矛盾重重。这可愁坏了接手这个班级的张班导。几个小团体之间总是有意无意地相互排斥，常出现口角。张班导到处取经，向经验丰富的辅导员求救，开班级沟通会，找学生谈心聊天，可是效果都不大好。正当无计可施之时，心烦的张班导随手翻着《三国演义》，当她看到第一回"宴桃园豪杰三结义，斩黄巾英雄首立功"时，灵机一动，为何不也给班上的同学来个"校园结义"呢？

　　张班导首先从建立团体规则和营造良好氛围着手，在与班级同学进行沟通协商后决定采取契约的形式，让大家做出守时、保密、真诚、倾听、乐意分享、避免攻击等承诺，并签名共同遵守。

　　然后，张班导根据契约上的相关内容设计团体活动游戏，活动一周一次，并配以对应的主题。第一次是"团体分组和滚雪球"，目的是促进相互了解，初步建立具有特质性和凝聚力的小组；第二次是"传递祝福"，目的是促进人际互动和情感沟通；第三次是"制作名片和我是天使"，目的是促进个人的个性表达和同学之间的互相关爱；第四次是"承受抱怨与松鼠和松树"，目的是增强沟通理解，加强同学之间的情感表达；第五次是"联欢会和相互祝福"，目的是整合班级氛围，重建班级凝聚力。

五次团体活动都进行得非常顺利，达到了预期目的，但是这都仅仅停留在班级内部，应如何实现班级凝聚力的继续飞跃呢？这就必须将整个班级放在更加广阔的舞台上竞争才能知晓。张班导意识到这点之后就着手第三个环节了。在她的努力下，组织了与原公共管理类同学间的篮球比赛和象棋竞赛，让大家认识到克服水土不服适应期后班级的显著进步。组织大家去城郊搞农家乐，吃饭后锅碗瓢盆清洗的分工合作，睡觉时站岗放哨的轮流值班，让大家收获了一份纯真浪漫的班级情谊。甚至还与国防生班进行了拔河比赛，虽然比赛的结果以失败而告终，但是看到大家为之拼搏失败后的泪水，张班导觉得一个真正的班级开始形成了。

团体活动的开展达到了预期的目标，短期之内班级的人际关系大为改善，班级工作也很快步入正常轨道。该学期该班学生共取得校、系各项奖励 17 项，班级篮球啦啦队被评为"最团结的啦啦队"，团支部被评为年度校级"五四红旗团支部"。张班导的努力终于有了回报，一个团结的班级是她最大的慰藉。

结盟效应

个体间、群体间以某种形式（文字或语言）达成盟约后，有利于加深成员间的关系。这种效应称为结盟效应，如刘关张桃园三结义等。

结盟效应是人类特有的现象，是在高等动物的群体意识下产生的。结盟效应的积极方面体现在它可以构建稳固的社会支持体系，产生强大的群体驱动力，通过团队成员的协作取得成效。它的消极后果是容易产生很多破坏社会稳定的非正式群体，如黑社会组织等。

结盟效应在案例中的体现

该案例中重新分配组建的班级之所以能够蜕变成优秀的班集体在于对

153

结盟效应的正确运用。

(1)分专业导致了班级的重组。和其他班级而言，他们错过了大一最佳的结盟时期，对环境的熟悉和人际交往圈的定型使得班级凝聚力的形成很成问题，从而形成了一个个小团体，进而冲突不断，这是结盟效应的消极影响。

(2)而在考虑到班级小团体对整体融合的不利影响，全面宣扬"理解与包容、接纳与关怀"理念方面，张班导从《三国演义》中获得灵感，决定采取团体活动的方式改善新班级的人际关系，融洽班级氛围，重构班级凝聚力。第一个环节是人为地制造结盟的机会，即用契约的方式将零散的队伍书面上团结在一起，这种关系是强制制度下的松散关系，但毕竟为真正意义上的结盟提供了现实基础。事实证明，由于对班级契约尊重的本身也是对自己的尊重，同学们开始察觉到小团体争斗对班级建设的不利影响。第二个环节，张班导从班级整体出发，精心组织团体活动，营造团结向上的班级文化，增强班级凝聚力。

(3)这些环节所起的功能主要有四个：一是帮助团体成员充分发掘自我，促进良好的人际互动；二是打破旧的小团体，促进大团体的融合；三是做好团体辅导过程中的引导启发，激发和提高同学们的主观能动性和领悟能力；四是借团体活动之名，促进团体成员的日常交流。第三个环节是检验前两个环节成果也是实现集体荣誉感的进一步强化、班级凝聚力深入发展的重要实践环节。

(4)之后更是利用了结盟效应的积极影响——与原来专业的同学进行比赛是为了让班级成员感受到新班集体中他们的成长；参加农家乐活动是想让大家在非学习领域有更多的接触，当然也是从中发现班级同学的更多合力点；与实力相差悬殊的国防生比赛是为了让同学们在挫败感中知道班级荣誉感的来之不易，引导学生更加珍惜彼此的缘分，更加尽心尽力地为班级服务。

工作思考和建议

由于这些年来高校专业大类招生改革，使得班级重新划分、二次融合等全新问题摆在教育管理工作者面前。

　　班级作为学校的基层组织，所起的作用是任何组织都不可替代的。它是大学生建立良好人际关系的基础，是大学生进一步社会化的坚实平台，更是培养学生团队意识和能力不可缺少的因素。若班级氛围因各种内外原因被削弱，不能满足正常的群体归属需要时，大学生可能会形成和加入一些非正式群体。案例中就是由于班级调整导致班级文化氛围在重新建构的过程中出现了一些不和谐的因素，若不积极引导，将错过最好的教育干预契机。案例所提出的团体结盟法是一种新型且高效的方法，极大地推动了人际关系的改善，使得班级凝聚力有了极大的提升。在今后的日常工作中，应把握时机，充分发挥团体结盟的优势，开展各类团体辅导，改善大学生的人际关系。尤其是在大学生群体心理健康问题比较突出的今天，我们特别需要这样的新工作思路和方法的指导。

　　案例中的张班导是从《三国演义》中寻找到班级管理的创新思路的，"山重水复疑无路，柳暗花明又一村"，她从班级建设的死结中跳出来寻找到了切实可行的方法。这对从事教育管理工作的老师具有较大启发，教育管理工作一定要突破课本理论的局限，对待非常规的情况更需要开阔的视野，学会知识的迁移。生活处处都有学习教育，特别是对于思想文化日趋多元化的高校校园而言，只有深入学生学习生活的特殊环境中考量才能寻找快速解决难题的可行之法。

霍桑效应

——给每个学生更多关注

新型冠状病毒肺炎疫情影响下的一个深夜，辅导员杨老师突然接到学生干部的电话，被告知美术系一男生从隔离室厕所的窗户跳下逃跑并留下一份遗书。于是，杨老师立刻拨打该生电话，占线、重新拨打、占线，反复多次，终于接通。对方一听是杨老师的声音，喊了一声："杨老师！"便号啕大哭起来。杨老师的眼眶也湿润了，告诉他："我终于听到了你的声音，你知道我有多么高兴吗？"继而又安慰他："不要哭了。我对你今天的出逃，一点都不责怪，甚至很理解，因为人是最怕孤独的，你被隔离失去了自由，心烦，甚至会胡思乱想是很自然的事。"他听了杨老师这番话，慢慢地停止了哭声，心里显然平静了许多。紧接着又说："我根本睡不着，眼睛闭上就看见乱七八糟的人，我好害怕！没有一个人关心我，他们都不愿意听我说话。"他不断地向杨老师倾诉了好多想法，一个多小时的电话谈话过后，他思想上的结慢慢解开了。杨老师听他说话的语气有了好转，不再那样偏执、激动，顺势说道："这么冷的天，你一个人在外，会遇到很大的危险。"他马上说："我现在走不动了，我从窗户跳下来的时候，脚受伤了。""那好，你不要走动了，就在原地。你看看路牌，告诉我们你现在的位置，我马上就来接你。"他终于同意并开始配合了。杨老师马上戴好口罩出发，经过半个小时的寻找，终于看到了他。杨老师之前特意准备了食物带给他，当她把食物递给他时，他立马说："你不要靠近我！"多么善良的孩子啊！此时他想到的却是怕老师被他传染了。杨老师很感动，于是按照他的要求，把食物放在离他不远的地上，看着他拿起大口地吃了，心里踏实了起来。

第二天上午，医生再次对他进行核酸检测，确定情况一切正常。一路上杨老师对其做了适当的心理疏导，与他进行了细致的沟通，了解到他的一些家庭背景和成长历史：他家住偏远的贫困山村，家人靠种地维持生活。因为家里贫困，哥哥30岁了还没结婚。为了能供他读书，家里欠了一大笔债。他因为此事很自责，觉得这样回家没有脸面。他因家境贫困而有很强的自卑感，心里总认为别人看不起他，所以，一路上他都把脸遮挡起来，生怕别人认出来。杨老师看出来他真的有很强的倾诉欲望，需要一个倾听者，需要一个关注他的人。

随后，杨老师带他到医院精神科检查，医生诊断出他有心理疾病，需要休学。在专业心理治疗结束后，他回老家休养。辅导员仍然坚持与他父母保持电话联系：一是了解他的身体情况、生活状况，二是注重培养他应具备的对应激事件的承受能力等。他父亲在电话中对老师们的工作表示感谢，说他儿子精神状态得到了很大改善。该学生还特意写来了感谢信，积极地递交了入党申请书，现在已经完全恢复了健康。

霍桑效应

美国芝加哥市郊外的霍桑工厂是一个制造电话交换机的工厂，具有较完善的娱乐设施、医疗制度和养老金制度等，但工人们仍愤愤不平，生产状况也很不理想。为探求原因，1924年11月，美国国家研究委员会组织了一个由心理学家等多方面专家组成的研究小组在该工厂开展一系列试验研究。这一系列试验研究的中心课题是生产效率与工作物质条件之间的关系。这一系列试验研究中有个"谈话试验"，即专家们用两年多的时间，找工人个别谈话两万余人次，在谈话过程中，专家们要耐心倾听工人对厂方的各种意见和不满，并做详细记录；不准反驳和训斥工人的不满意见。这一"谈话试验"收到了意想不到的结果：霍桑工厂的产量大幅度提高。这是由于工人长期以来对工厂的各种管理制度和方法有诸多不满，无处发泄，"谈话试验"使他们将这些不满都发泄出来，从而感到心情舒畅，干劲倍增。社会心理学家将这种让员工将自己心中的不满发泄出来，员工由于受到额外的关注而引起绩效上升的现象称为霍桑效应。所谓"近朱者赤、近墨者黑"，教育管理工作者的直接或间接的教育方式都可能通过教育对象的内心变化而产生影响。实验研究证实了这种由于引起对象身份的认知态度产生的实验偏差的存在，就是霍桑效应。

霍桑效应在案例中的体现

高校教育管理工作者的教育对象是学生，是一个个活生生的人。他们有自己的喜怒哀乐，有自己的生活体验，有自己的意愿，他们有被理解、被尊重和被肯定的心理需求。而教育管理工作者的所有活动只有通过学生的能动反映才能实现。因此，在教育管理工作中，教师最大限度地关注学生的需求，宽容接纳学生，允许其差异发展，让其张扬个性、展示生机。而要做到这些必须打破师生间的壁垒，走进学生的内心世界。案例中的辅导员杨老师就是使用"倾听"的方法来走进这位学生的内心世界的，她没有批评他的所作所为，而是表示理解，给予他最大的尊重，从而使工作收到了预期的效果。在此过程中，杨老师做到了"倾""听""导"的有效结合，产生了霍桑效应的结果。她做到了七分听三分说，有时甚至是八九分听。这样可以全面了解学生的内心世界，使教师有效地进行指导和帮助。有时，教师甚至什么都不需要说，只要让学生把他想说的话说完，自我感觉非常轻松，就达到预想效果了。

工作思考和建议

我们常说，真心付出总有回报。但经常有教师感慨只有付出没有收获。霍桑效应告诉我们：关键在于我们的付出是不是学生真心所需的，是不是学生所能接受的。案例中的辅导员以她的真爱和真情赢得了学生的认可，使学生反思了自己的行为。高校教育管理工作者要运用好霍桑效应，应注意如下两点：

一是教育管理工作者要适时运用霍桑效应，尊重学生说的权利，善于倾听，给予学生"说"的机会。通过倾听与学生建立平等、民主的师生关系；从学生的内心需求出发，激发学生的主体性，从而提高教育管理的实效性。

二是学会关注，努力营造师生之间良好的沟通、协作关系。霍桑效应告诉我们，当一个人感受到正在受到别人的关注，他会在正在进行的学习和工作中表现出更高的效率。在经历了新型冠状病毒肺炎疫情之后，我们很多人或多或少都出现了一些心理上的变化，甚至有不少学生因长时间上网课，缺少与老师和同学的有效沟通，内心产生了错误的想法。因此，作为高校教育管理工作者，特别是高校辅导员，所从事的大量工作可能会引起学生的逆反心理和不满情绪。这时，辅导员需要克制情绪，变换教育方式，让学生发泄出来，缓解心理压力，同时去了解学生的真实想法，进行正确的引导和疏通。只有当学生感到自己被关注、被重视时，才能形成同学之间、师生之间友好相处的合作氛围，从而提高学习和工作的效率。

暗示效应

——激发学生的内驱力

　　小 L 是一名经历过两次学籍异动的学生。两次学籍异动均是学业问题累计不及格学分达到学业警戒线而主动留级。从小 L 之前的辅导员处得知，小 L 每次谈话前都有所准备，能清楚分析自己的问题，表现非常好，但实际上又是另一回事。复学时，辅导员及时与该生进行谈话，谈话过程中小 L 说道："老师我知道我学习态度不端正，我知道自己是差学生，我现在懂得了学业的重要性，我之前就是坚持不下来，这次我会努力的。"小 L 的回答正如之前老师所说一样。辅导员没有过多地询问他往常的学业情况，而是询问他的兴趣爱好，得知他喜欢足球且曾拿过比赛冠军，便和他就近期足球赛事聊起。小 L 与辅导员相谈甚欢，非常诧异地问老师为什么不询问学业情况。老师平静地说道："你既然来到此年级，我就会像对待所有学生一样对待你，我不认为你是你自己说的差学生，你也有闪光点，我希望你能以全新的自我投入新的年级，我也相信你能过好自己的大学生活。"小 L 非常诧异老师说的话，说了声"谢谢老师"后便回到了宿舍。

　　按照规定，新学期将召开第一次班会，辅导员特地来到小 L 班班会现场，向同学们介绍了小 L："同学们，这是小 L 同学，因为自身原因来到咱们班级，以后会和同学们一起学习生活。小 L 是一名非常热情，而且足球踢得非常好的同学，大家以后可以多和小L一起交流，小L以后也可以多带同学们出去踢球运动，相信我们班所有同学都能够一起顺利毕业。"听完老师的介绍，看到同学们的热烈欢迎，小L有点不好意思，但脸上还是露出了开心的笑容。在学校运动会上，辅导员鼓励小L报名长跑。起初，小L拒绝并认为自己不行，在老师的坚持下小L最终报名了长跑并取得了全校第八名的成绩。老师和同学都对小L竖起大拇指，小L也变得越来越有自信。在接下来的时间里，辅导员专门安排学生干部帮助小L学习，每半个月定期找小L谈话，每次谈话都会和小L一起总结问题，对他的进步给予肯定与表扬，不断告诉小L通过努力一定可以改变。辅导员有机会时都当着小L寝室室友或其他同学的面及时表扬小L的每一次进步。小L也越来越自信。在学期末的考试中，小L顺利通过了所有考试，有效缓解了学业问题，和同学们的相处也愈加融洽。

暗示效应

暗示效应是指在无对抗条件下，用含蓄、抽象诱导的间接方法对人们的心理和行为产生影响，从而使人们按照一定的方式去行动或接受一定的意见，使思想、行为与暗示者期望的相符合的现象。曹操的"望梅止渴"典故便是暗示效应成功应用的案例。典故源于南朝宋·刘义庆的《世说新语》，魏要伐吴，领兵十万，从许昌南下，路过安徽含山县梅山，当时日高人渴，人马劳顿，将士们口干心焦却找不到半滴水喝，很多人快虚脱了。此时，曹操心生一计，指着前方大声喊道："我知道前面有一片大梅林，梅子很多，又甜又酸，可以解渴。大家快点跟上，我们到此处一歇。"将士们一听酸梅，不由口舌生津，鼓足力气，终于走出"绝境"之地。如果不是曹操运用心理暗示以激起众将士进军的斗志，大队人马很可能就会因饥渴而全部倒下。"暗示"在社会中是极为普遍的心理现象，按照不同标准划分，可分为积极暗示与消极暗示、他人暗示与自我暗示、语言暗示和非语言暗示等。研究表明，积极暗示可以给人温暖和鼓励，增强战胜困难的信心；消极暗示不仅会给人加重压力与痛苦，甚至还会影响人的身心健康。

暗示效应在案例中的体现

在案例中，暗示效应的应用主要体现在以下几个方面：一是运用暗示，优化首因效应。辅导员借小 L 刚到新年级和新班级的契机，在初次谈话和新学期班会上，"忽略"小 L 的留级学业情况，突出其优势特长，帮助小 L 在同学们面前树立良好形象，成功地暗示小 L 不是"差"学生，暗示其要以全新的形象和状态融入新班级中。二是发挥特长，树立自信。辅导员充分发挥小 L 的体育特长，利用学校运动会契机帮助小 L 树立信心，以语言、竖"大拇指"动作等积极的语言和行为动作，暗示该生可以取得成功，帮助小 L 树立自信。三是赏识教育，加强激励。辅导员将"问题批评"改成"进步激励"，每次谈话都暗示小 L"一定行"，一定可以顺利毕业，激发学生的进取心。同时，辅导员在其他同学面前肯定小 L 的优点，加强赏识教育，进一步帮助该生扭转态度，从而促进学业问题的解决。

工作思考和建议

在高校教育管理过程中，我们会遇到各种类型的学生，对于缺乏自信、逆反、不信任他人的学生，空洞的说教有时会显得苍白无力。此时，积极的心理暗示是教育引导的有效方法。高校教育管理工作者要学会运用"赏识教育"，学会用欣赏和发展的眼光看待学生，对学生充满信心，发自内心地喜欢每一位学生，保护学生的自尊心，充分挖掘学生的个性与闪光点，在适当的时机用巧妙的话语和行为进行暗示，创造机会，让学生在良好的环境中肯定自己，帮助学生树立信心，激发驱动力，找到人生价值，健康地成长成才。同时，在运用暗示效应时，高校教育管理工作者应注意以下三个方面：一是把握隐含度。暗示是用含蓄、抽象的方法告诉对方，但不能过于"含蓄"，让学生不明所以，从而造成误解。最好的暗示应是让当事学生心领神会，给当事学生留有自尊，起到激励效果。二是掌握持续度。一次有效的暗示可以帮助学生调解自我，改进自我。但若想要长久改变，则需要持久的"暗示"。在具体工作中,我们可以根据当事学生的敏感度、具体事项进行调整,逐步提高暗示的明显程度,帮助学生进一步蜕变。三是把握灵活度。暗示效应是针对具体、特定的对象而言的,而每个学生都是独一无二的个体,高校教育管理工作者只有在精准掌握学生特性,充分了解的基础上,才可以发挥最大作用。同时,应灵活掌控现场环境情况,随机应变,灵活处理,切勿生搬硬套,滋生负面影响。

南风效应

——让学生如沐春风

小燕是来自北方某省的女孩，在南方某高校艺术学院就读。大一刚来学校不久，她的母亲因病逝世。这对小燕来说无异于晴天霹雳。原本以为可以开始自己美好的大学生活，还没来得及适应大学，母亲却撒手人寰。从此小燕精神萎靡不振，丧失了生活的勇气。回家奔丧期间，她不敢面对母亲不在人世的现实，不起床，不吃饭，甚至不想回学校。面对忧郁的女儿，原本就悲痛欲绝的父亲更加不知所措，急忙打电话向小燕的辅导员求助。辅导员接到电话后，马上来到该生的家里接她回学校。然而，情绪极度低落的小燕却产生了退学的念头，拒绝跟辅导员回学校。辅导员并没有急着把她拉回学校，而是通过多次思想开导，慢慢地解除她的心结，最终将其带回学校。

回校后，看到小燕仍不能安心学习，辅导员便一次一次找她谈心，开导她要为接下来的学习、生活及父亲考虑，同时发动舍友和学生干部与小燕沟通交流，在生活上关心她，在学习上照顾她，每次班级搞集体活动都叫她参加，让她感到集体的温暖。然而不幸的事情还是发生了，由于长时间的精神恍惚，小燕对外界事物的反应十分迟钝，某天夜晚，当她上完晚自习与室友走在回寝室的路上时，被路过的一辆无牌汽车撞倒在地，头上鲜血直流，陷入昏迷，而肇事车辆已经逃逸。辅导员接到电话后，即刻打车赶往现场，一边拨打急救电话，一边安抚小燕室友的情绪。经过几个小时的救治，医生诊断为脑震荡，需住院治疗。彼时，已将近凌晨，辅导员把另外的同学送回寝室后，独自一人守在病房门口。辅导员没有打电话通知其父亲，担心其受不了新的打击，同时，开始着手对其进行后续帮助。一方面，为其争取学校的困难补助；另一方面，安排班上同学做好接下来的陪护。第二天，辅导员就赶往学校，找相关职能部门申请困难补助，并发动院里的领导、老师为其捐款；到学校心理健康教育中心邀请咨询老师为其做专门的心理辅导，安排班干部、寝室同学 24 小时陪护；辅导员也每天与她谈话，煲汤送饭，营造浓郁的爱的氛围。出院后，经过一段时间的调整，小燕变得乐观、上进，重启了当初的梦想。

南风效应

南风效应也叫作温暖效应，来源于法国作家拉·封丹写的一则寓言。它告诉我们：温暖胜于严寒。南风效应多运用于企业管理实践中，要求管理者要尊重和关心下属，时刻以下属为本，多点人情味，多注意解决下属日常生活中的实际困难，使下属真正感受到温暖。这样，下属出于感激就会更加努力积极地为企业工作，维护企业利益。在大学生教育管理中，南风效应体现为老师要多关心学生，以学生为本，进行情感教育。

南风效应在案例中的体现

"良言一句三冬暖，恶语伤人六月寒。"在该案例中，辅导员在言语和行动上给予该生充分的关爱。相对于高中，大学是一个全新的环境，充满机遇和挑战，每位新生都需要一段时间的适应和调整才能平稳顺利地度过，开启全新的生活。小燕是极为不幸的，上大学不久就遭遇丧母的悲痛现实，这一生活突发事件给其造成了严重的心理创伤。辅导员做到了及时介入，直接到该生家中找其谈心，进行思想开导，并安排其寝室同学多关心该生。其后，该生又遭遇车祸，辅导员又从经济上、情感上关心，帮助其解决实际问题和思想问题。辅导员及时发现该生面临的问题，并耐心、细心地帮助该生走出困境，犹如一股南风吹过学生的心灵。辅导员尽心尽力的帮助也终将扫除该生内心的阴霾，学生最终被感化，以积极乐观地生活，勤奋努力地学习回报辅导员的付出，这一过程便是南风效应的完整体现。

工作思考和建议

因关怀的缺失而引发的大学生道德滑坡现象，已是高校教育管理工作不可回避并亟待解决的问题。教师不光要直面学生成长，做学生的良师益友，帮助他们学有所长、业有所成，还要在生活细节和心理健康等多个方面给予学生真诚的帮助。作为一名高校教师，该如何利用南风效应给予学生关怀和帮助呢？

首先，关怀的前提是老师们具备敏锐的洞察力，能够及时掌握同学们的最新状态。随着互联网时代的到来，通信越来越依托互联网，师生面对面沟通的机会减少，客观上也促进沟通打破时空的局限。高校教师应抓住这一契机，利用新媒体与学生构建良性而长期的沟通关系，及时掌握学生的动态，从而及时发现异常并加以关注。

其次，老师应掌握关爱学生和良性沟通的方式方法，"授人以鱼不如授人以渔"。老师的关爱应基于学生所处的角色，针对学生生活上的困难、思想上的困惑、心理上的障碍、情感上的缺失等不同的问题，提供不同的关爱方式。给予不是目的，帮助学生学会自我调适和走出困境才是，应选择学生能够接受的方式方法，在恰当的时间节点提供恰到好处的温馨和关爱。

最后，全员关怀的育人机制也是非常重要的，临渴掘井不如曲突徙薪，通过"家校互动""校园关爱文化建设""社会主义核心价值观教育"等方式，积极拓展校园内外的相处环境，树立关怀育人的理念，研究借鉴国内外教育思想家的关怀理论，全过程掌握学生的现实及心理所面临的问题，全方位地用爱心、恒心跟踪学生的思想动态，最终构建全员关怀的育人机制，助力学生的健康成长。

贝尔纳效应

——充分发挥自身优势

某高校校园网主页上有一个"辅导员社区"板块，校内辅导员可以申请开通自己的网络教师社区。在每个辅导员的社区里，大致有"我的档案""我的课程安排""感悟随笔""我的相册""我的课件""给我留言"等内容。

在"辅导员社区"中，每位辅导员将自己的信息展示在学生面前。学生可以根据每位辅导员的不同特点和优势，选择与他们交流和沟通。"辅导员社区"提供了一个师生平等参与、自由表达思想的平台。在这样宽松的沟通环境中，辅导员能更深入地了解学生的内心世界，学生能更容易、更方便地表达自己的心声。辅导员开展思想政治教育工作通常是在一定时间、空间内，针对特定对象进行的，覆盖范围和教育内容都受到限制。特别是在学分制下学生自主安排学习时间以及辅导员深陷众多繁杂琐碎事务的现实情况下，通过"辅导员社区"，辅导员能把大量思想政治教育内容扩展到网络平台，学生可以根据自身实际进行选择，从而实现弥补传统思想政治教育不足的目的。

该校开辟"辅导员社区"进行思想政治教育取得了良好的成效，弥补了传统大学生思想政治教育范围的有限性，扩大了大学生思想政治教育的覆盖面。在"辅导员社区"里，学生可以敞开心扉、抛开束缚，匿名提出任何问题，寻求辅导员的帮助。尤其是对于性格内向、不善言谈的学生而言，"给我留言"是他们与辅导员沟通的重要途径。此外，"辅导员社区"还促进了辅导员的专业化发展。当然，为了丰富"辅导员社区"的内容，辅导员必须不断捕捉、分析、判断、吸收新的有助于学生工作的信息。

贝尔纳效应

贝尔纳效应是指自己把富有创造性的想法提出来，指引别人走向成功的现象。英国学者贝尔纳勤奋刻苦，同时又有很高的天赋。如果他毕生研究晶体学或生物化学，很有可能获得诺贝尔奖。但他却心甘情愿地走另一条路——为他人去做一架云梯，把一个个富有开拓性的课题提出来，指引别人登上科学的高峰。

作为辅导员，不一定有贝尔纳的天赋，也不一定是某学科的专家学者，但与学生相比，总在一些方面占有一定的优势。辅导员只要认真地把自己的优势加以发挥和利用，就能逐步培养学生广泛的兴趣爱好，进一步激发学生的求知欲，从而促使学生更快地进步，产生"青出于蓝而胜于蓝"的效果。

贝尔纳效应在案例中的体现

在该案例中，贝尔纳效应主要体现在以下几个方面：

（1）该校在校园网主页上专门开辟一个"辅导员社区"板块，包含"我的档案""我的课程安排""感悟随笔""我的相册""我的课件""给我留言"等内容。在该社区中，辅导员将自己的信息展示在学生面前。学生可以根据每位辅导员的不同特点和优势，选择与他们交流和沟通。"辅导员社区"提供了一个师生平等参与、自由表达思想的平台。可以说，这是辅导员能力的全方位延伸，辅导员通过提供自己的信息，充当"贝尔纳"，当上学生健康成长成才的阶梯，是贝尔纳效应的体现。

（2）随着学生工作大讨论的深入进行，"以学生为教学和管理的核心"

"人人关心、支持参与学生工作"将成为师生的共识，但这不意味着在学生工作中，大家都处于相同的地位。我们在主张"全员学生工作"的同时，还必须注意不同类型的人因其角色不同，在学生工作中所处的地位、所承担的责任、所起的作用也各不相同。在具体工作中，尤其应注意发挥每个人的优势，扬长避短，使全校辅导员在学生工作中优势互补，密切配合，全面提高学生工作质量。这是贝尔纳效应的积极影响的具体体现。

（3）辅导员是高校学生工作中一支特殊而重要的力量。案例中，学校充分发挥了辅导员在高校学生工作中具备的优势，促进了高校思想政治教育的顺利开展。"辅导员社区"提供了各种板块，让学生全面了解辅导员信息，及时与辅导员进行交流，建立起相互信任的关系，充分发挥了辅导员与学生心理距离近的优势。辅导员的工作情景比较轻松，机动灵活，这样会起到更好的教育效果。

「工作思考和建议」

在高校学生工作中，辅导员的优势作用能否充分发挥出来，为学生提供更广阔的进步空间，除了有赖于学校和辅导员以及其他人的帮助与支持外，更重要的是取决于其自身的努力。

1.树立正确的职业价值观和崇高的敬业精神

辅导员应对新形势下高校德育工作的地位和作用有正确的认识，把学生工作作为一项崇高而伟大的事业，在实际工作中表现出强烈的政治责任感和历史使命感，具有较强的职业荣誉感和乐于奉献精神。对辅导员来讲，奉献精神是最重要的，面对繁杂的学生工作，没有奉献精神和责任感不可能把工作做好。

2.正确认识自身的优势

辅导员应善于发现自身优势，明确这些优势赖以存在的客观条件，结合自身的特点，将共性优势与个性优势结合起来，寻找自身优势与学生及学生工作的衔接点和切入点，明确自己在学生工作中的地位和责任，把自己分内工作做好，协助其他学生工作者做好学生思想工作。

3. 及时了解和掌握学校关于学生管理的政策

辅导员应及时总结学生工作的经验，探索大学生身心发展、学习和思想变化的规律，深入了解每个学生的具体情况，明确全校和所在院系学生工作的总体规划，做到心中有数，提高处理问题的能力。

4. 不断完善自己，提高工作水平

众所周知，学生工作是"无底洞"，辅导员的工作更是烦琐而具体，做好这项工作需要花费很大精力。辅导员在工作中也会遇到许多意想不到的困难，所以，辅导员必须严格要求自己，不断完善自己，提高自己的工作水平。辅导员只有充分发挥自身的优势，才能带动整个学生工作群体逐步进步。

配套效应

——好环境熏陶好学生

　　小丛是大一新生，开学是她妈妈陪着来学校的。妈妈告诉辅导员唐老师：小丛是独生女儿，性格比较任性，从来不做家务，但是有一件事情却让她有所改变，妈妈觉得很神奇。唐老师非常高兴想听一下是怎么回事，因为现在的"00后"大部分是独生子女，作为辅导员，自己应该从多方面学习，做好学生工作。小丛妈妈将事情娓娓道来：由于怕太阳直射，一天，小丛的妈妈把一盆绿叶吊兰从阳台移到了小丛的房间，轻轻地摆放在她书架的顶端，嫩绿的茎条，椭圆形的叶子，披拂下垂着，宛如一挂绿色的小瀑布。旁边紧靠着的就是小丛的十八寸彩照，两者交相辉映，小屋顿时青春靓丽起来了。

　　小丛回家后走进自己的房间，第一眼就发现了这一变化。"哇，妈妈，太漂亮了，你太有创意了。""好看吗？那这盆花就归你管理了。"说着，就到厨房忙活做饭。做好了饭，妈妈招呼老公和女儿出来吃饭，几声叫过之后，也不见女儿的身影。妈妈的火就上来了，心想，叫你吃饭，你也这么拖拉，猛地推开门，正准备大声呵斥，却被眼前的景象愣住了。只见小丛正坐在床头整理她的一堆衣物，先前凌乱的写字台变得井然有序了，书籍整齐地摆放在一旁，杂乱堆放的笔全都归结到笔筒里了，被子也由先前的长方形变成了豆腐块。太阳真是从西边出来了，一向不知收拾房间的小丛，今天竟然自己动手把房间整理得这么整洁，她的妈妈又惊又喜。"小丛，老师今天给你们布置整理房间的作业了吗？不错，完成得真好。""什么呀，妈妈，我这不是为了配套吗？你把那么漂亮的花放在我的房间，我总得给它个好环境吧。"

小丛的妈妈觉得十分不可思议，先前为她不收拾房间的事没少劝过她，甚至骂过，但都效果不佳，一盆花草竟然让她立马行动起来了。唐老师非常欣慰，心中若有所思。他对小丛妈妈说："我们以后经常为小丛准备这样的礼物。"

配套效应

18世纪，法国有个哲学家叫丹尼斯·狄德罗，一天，朋友送他一件质地精良、做工考究、图案高雅的酒红色睡袍，狄德罗非常喜欢。可他穿着华贵的睡袍在家里寻找感觉，总觉得家具风格不对，地毯的针脚也粗得吓人。于是为了与睡袍配套，他将旧的东西先后更新，书房终于跟上了睡袍的档次，可他却觉得很不舒服，因为"自己居然被一件睡袍胁迫了"。后来，狄罗德写了一篇文章叫作"与旧睡袍离别的痛苦"。两百年后，美国哈佛大学经济学家朱丽叶·施罗尔在《过度消费的美国人》一书中，把这种现象称作为狄德罗效应，也可称为配套效应，也就是人们在拥有了一件新的物品后不断配置与其相适应的物品以达到心理上平衡的现象。这种配套效应为整个事物的变化提供了动因，当其中任何一部分发生变化时，其他部分随之变化以便配套，从而促进了周围事物的发展变化。

配套效应在案例中的体现

从学生的成长过程看，无论是好的行为还是不良的习惯，都可以找到引起这一行为的一件"睡袍"。老师和家长应为学生准备几件有价值的"睡袍"。如果我们给学生的是劣质的"睡袍"，那么，他们的行为不会变得有多高尚。如果我们给学生的是有价值的"睡袍"，那么，他们会努力配上好的习惯。上述案例主要从两个方面体现了"配套效应"。

1.劣质的"睡袍"引起了不良行为

妈妈一开始是责怪小丛不愿意收拾房间，甚至骂她，这就给小丛穿上了一件劣质的"睡袍"，让小丛认为自己就是好吃懒做的孩子，所以懒惰的习惯没有得到改变。同时，房间一成不变，没有生机和活力，小丛自然没有心思去打扫。

2.优质的"睡袍"带来了有利的行为

案例中妈妈给小丛穿上了"管理者"的"睡袍"，让她去管理这盆吊兰，从而激发了小丛的兴趣。小丛开始思考如何能使自己的房间配上这盆美丽的吊兰，从而改变了懒惰的习惯。

工作思考和建议

虽然配套效应是人们生活中的心理现象，但是它对规范学生的行为，矫正学生的不良习惯，形成良好的学风班风及良好的思想道德品质有着重要的启示。高校教育管理工作者应该努力帮助学生脱掉劣质的"睡袍"，为每位学生找到一件或者几件有价值的"睡袍"。这就要求我们做到如下几点：

一是要善于关注周围环境，找到诱发学生不良行为的"睡袍"。

二是要仔细观察，发现能让学生思想产生变化的"睡袍"。

三是要帮助学生设置合理的目标，找到学生不良思想和行为发生转变的有价值"睡袍"。

四是要树立典型，进行榜样教育，找到学生群体中的优质"睡袍"。

作为教育管理工作者，如果能将上述几点做到位，收获的将不只是一个优质的学生，而更可能是一个优质的团体，因为大家会为了与优秀集体配套而奋发努力。

心理加减法

——在教育预期上下功夫

李同学是一名大三文科生，担任班级学习委员。这学期期末的课程论文比较多，每篇都要求在七千字以上。同学们对此意见很大。然而，光蒋老师一个人就上了三门课。最后一堂课的时候，蒋老师要求每门课写一篇课程论文，每篇要求有一万字，并且要严格按照论文格式写，不合格的打回来重新写。

同学们议论纷纷，一致发出抗议："太多了吧，老师！"

"多吗，不就是一篇一万字吗？你们最近论文的质量下降，只有通过多练笔，才能写得更好。"蒋老师严肃地说。也许是蒋老师平时比较严厉，她一说话，大家立马安静了下来。

蒋老师知道他们口服心不服，心里暗笑，但仍故作严肃地说："大家应该好好利用每一次写论文的机会，积累体验，而不应该虚度时光。这些论文大家一定要完成好！"

课间休息时，李同学和班长到讲台找了蒋老师："老师，能不能跟你商量一件事？""什么事啊？"蒋老师故意问。"同学们都反映论文字数多了一点。""好吧，既然同学们有意见，我会慎重考虑的，你们先上课去吧。"

上课的时候，蒋老师说："有同学向我反映课程论文字数要求太多。

那好，我尊重你们的意见，经过考虑之后，我决定把每篇论文字数从一万字降到五千字。"话音一落，班上一片欢呼。蒋老师继续说道："我尊重大家的意见，希望大家也能给我交一份满意的作业，保证论文的质量，能不能做到？"

"能！"学生齐声应道。果然，这个学期学生的论文质量有了很大的提高。

「心理加减法」

宋国有个叫狙公的人很喜欢猴子，在家里养了一大群猴子。狙公与猴子之间能互相了解心意。为了养猴子，狙公家中的口粮越来越少了，于是他和猴子商量："给你们的栗子，早上三个晚上四个，够吃吗？"猴子听了都非常恼怒。狙公忙说，"既然大家都不满意，那就改为早上四个晚上三个吧！"所有的猴子都欢呼雀跃。早上三个晚上四个变成早上四个晚上三个，总数还是七个，却使猴子产生了不同的心理反应。

在食堂打饭时会遇到这种情况，食堂师傅往你碗里打了一满勺菜，又觉得给多了，马上从碗中往外拨出一点，这时你心里老大不高兴的，暗骂师傅小气；反过来，如果师傅先往你碗里打一小勺，再往碗里添加一点儿，这时你心中充满谢意。其实，两种情况下你得到的菜的总量没变，但心理感觉却不相同。这就是心理加减法。3+1 怎么会不等于 5-1？想象一下，现在有一筐新鲜的、红红的大苹果放在我们面前，好客的主人要把这些让人看着就想咬一口的苹果分给大家，可是他不知道这筐里究竟有多少苹果，也不清楚到底来了多少客人。他只好试着先给每个人分了 3 个，可是后来发现苹果还有剩余，于是每人又多得到一个。你拿着多分到的苹果，心里美滋滋的。如果主人一开始给每人发 5 个苹果，可是后来发现不够了，只好又从大家手中要回一个苹果来补给剩余的人，这个时候你心里又会怎么想呢：有点失落，有点遗憾，有点不舍……总之感觉要比第一种情况差很多。可是你拿到手上的不都是 4 个苹果吗，为什么你的心理感受就那么不一样呢？这不是正好验证了"3+1>5-1"这个不等式吗？

心理加减法在案例中的体现

心理加减法其实就是在教育预期上下功夫，这样能让学生体会到即便是同一个事实，运用好心理加减法后收获的心理与成效都是不一样的，在案例中主要体现在以下几个方面：

（1）蒋老师一开始给学生定下一万字的论文和十分严厉的要求，这样导致学生苦不堪言，但是他其实本来也是打算让学生每篇论文写五千字的。考虑到学生的感受，所以她先把字数提高，然后再减少字数，使学生能够承受，从而积极地完成论文。这样同学们就能很好地接受后面的这个其实相较之前没变的字数。

（2）蒋老师不仅让同学们接受五千字这个字数，更是使同学们写论文的水平得到了提高，这正是很好地运用了心理加减法的积极影响。

工作思考和建议

在教育管理过程中，我们可以巧妙地利用该心理效应。此案例给我们的启示是，在教育管理过程中，我们可以采取先抑后扬的方式。班导师新接手一个班，可以先严后宽，先抑后扬。比如，制定严密的制度进行严格的约束，树立班导师的权威，让学生严格遵守各项规章制度，让学生在对班导师还不太了解的时候先产生敬畏感，然后适度放松，学生就会渐渐觉得其实班导师还是和蔼可亲、讲道理的，敬畏之后便易产生亲近之情。

如果我们将心理加减法颠倒过来，变成先减后加，那么心理加减法效应的负面作用将会发挥，这位教育管理工作者的工作将难以开展。

齐加尼克效应

——留下适当的思考空间

「**案例回放**」

一天，地质专业辅导员徐老师到女生宿舍查寝，当时已经是晚上11:00了，可有一间宿舍只有张某一个人在复习《逻辑学》。

徐老师见此情景，不禁怒从中来，平时查寝，同学们都报告在寝室，可偶尔搞一次突击检查，结果却是这样。学生的生活习惯都这样吗？还有多少被隐瞒的情况？徐老师暂忍内心的怒火，找张同学详细了解情况。

她问张某这是怎么回事，张某告诉她平时大家的作息时间非常规律，但是现在快期末考试了，大家都去通宵上自习了。徐老师更加不高兴了，当即责怪他们平时不好好学习。

张某告诉徐老师，他们感觉在课堂上学到的东西太少，上课的时候认真听了，也听懂了，但老师总是在不停地讲解，讲得很仔细也很明白，问题的答案也告诉了大家，但是内容太多，一下子记不过来，只能记住当时正在讲的内容，讲过之后马上就忘记了，应付考试都只能在临近考试的最后一周找个安静的地方拼命上自习，临时抱一下佛脚，才能侥幸不挂科。徐老师生气归生气，但也只能接受学生说的这一事实。当年，她读大学时，周围也有很多这样的同学。看到眼前的这一幕，徐老师陷入了沉思。

齐加尼克效应

齐加尼克效应是指对某项未完成的工作不忍丢下而表现出更大热情的现象。法国心理学研究者齐加尼克曾做过这样的实验：他让实验对象连续工作22个小时，其中有些工作一次完成，而另一些工作则要求他们在中途停止。实验结束后，齐加尼克让每位实验对象回忆自己所做过的工作名称，结果发现，绝大多数人首先回忆到的并不是那些已经完成的工作名称，而是那些被中止未完成的工作名称。关于那些被中止未完成的工作名称，他们不仅回忆得快，而且回忆得又多又准确。

齐加尼克效应在案例中的体现

案例中齐加尼克效应主要是从反面来体现，表现如下：

（1）任课老师没有做到适可而止，留给学生想象的空间。一部优秀的文学作品，适可而止的结局可以留给读者想象的空间，从而给读者以美好的遐想。课堂教学也是如此，不要任何情况都是教师来"包场"。刚走上工作岗位的新教师往往会这样，总怕自己没有讲清楚，于是在课堂上面面俱到、倾其所有，把自己所知道的、能考虑到的，全部无私奉献给学生，总认为这样做，心里才踏实，才对得起学生。其实，这种观点是错误的。如果什么都让学生"一览无余"，到头来只会培养出"饱食终日、无所思事"的低能儿，对提高学生素质、培养学生能力是极为不利的。为此，应该充分发挥学生的主体作用，"点到为止"，让学生有思考的余地、想象的空间。

（2）任课老师喜欢滔滔不绝地讲解教学内容，在课堂中投入大量的精力，但效果却不尽如人意：学生对他形成了学习依赖，他讲到哪里，学生就忘到哪里。所以，老师在讲解过程中留有空余、有所中止，比起满堂灌，更能激发学生学习的自主自觉性。

　　齐加尼克效应对于高校教学工作特别是公共课教学工作有着一定的指导作用。如果在物理教学中积极主动地创造条件，不失时机地应用齐加尼克效应，对于激发学生的物理学习兴趣，加深对物理问题的理解，培养分析问题、解决问题的能力，都是十分有益的。小说、电影等文学作品之所以引人入胜，就是因为它有一波三折的情节和扣人心弦的悬念。悬念的构成，使学生产生一种强烈的心理期待和急切的探究欲望。根据教育管理需要，巧妙设置一些"悬念"，能使学生对所学对象产生强烈的求知欲望，这种活化了的认知潜能，能激发极大的学习兴趣，使思维处于能动和活跃的状态。

　　齐加尼克效应也是一把双刃剑。在试验中，所有实验对象在接受任务时都显现出一种紧张状态。但顺利完成任务者，紧张状态随之消失；而未完成任务者，紧张状态持续存在，即使经过休息，紧张状态仍然无法消除。他们总是被那些未能完成的工作所困扰，心理上的紧张压力难以消失。教师必须重视齐加尼克效应对学生学习和身心健康的影响，帮助学生按时完成任务，以适当缓解学生的紧张情绪。

　　在教育管理过程中，教师也应该避免齐加尼克效应对自身身心健康带来不良影响。教育管理工作属于脑力劳动，老师需要非常投入，但是也要努力做到不受时空限制，根据自己的性格特点、心理状态等情况调整心态，对事情做到"拿得起，放得下"，消除过度紧张状态，以保证自己的身心健康。

破窗效应

——遵守规则的壁垒

　　小 L 是一名懂事、有上进心、勤奋踏实的学生，不仅学习成绩名列前茅，处于保研范围，而且在学校各项活动中有突出的表现。临近大四，小 L 的一位好朋友专业课重修了两次均没有通过，情急之下小 L 朋友请小 L 帮忙代考。小 L 碍于情面没能推脱，抱着侥幸心理，答应了好友的错误请求。在考试开始 10 分钟后，小 L 被监考老师发现并被要求停止考试，交由违纪委员会处理。经学校开会研究，鉴于涉及利用假证件冒名代考和委托他人代考的严重违纪行为，决定给予小 L 和其朋友留校察看的纪律处分。

　　小 L 接到处理决定后，伤心欲绝，找到平时分管学生工作、爱护关心学生的学院党委副书记和辅导员，希望能够减轻处分。对于此事，辅导员一直非常重视，严肃处理的同时也担心小 L 的心理状态。当小 L 在辅导员面前哭诉的时候，辅导员没有完全附和，在等待小 L 情绪稳定后，态度明确地告诉小 L 代考的严重性、诚信的重要性以及制度的合理性，对小 L 的错误做法进行批评教育，告诉小 L 若学校对违纪行为不批评、不处理，没有制度约束，就会出现连锁反应，严重影响班风、校风。同时，辅导员认真耐心地对小 L 进行思想引导与教育，帮助小 L 意识到成年人需要对自身的行为负责，并告知小 L 只要认真改过，积极表现，处分期过后可以解除处分。经过谈话，小 L 的情绪有所平稳，接受了现实，认识到自身错误并表示一定会认真改正，但小 L 情绪仍较为低落。

辅导员安排学生干部加强对小 L 的关注，并定期与小 L 交流鼓励其精神振作，对表现优异之处及时肯定，帮助其重新树立自信。经过一年的考察，小 L 表现优异，顺利解除了处分并考到了自己理想的学校读研。

破窗效应

美国斯坦福大学心理学家菲利普·辛巴杜于 1969 年进行了一项实验。他找来两辆一模一样的汽车，将其中的一辆停在加州帕洛阿尔托的中产阶级社区，而将另一辆停在相对杂乱的纽约布朗克斯区。他把停在布朗克斯区车辆的车牌摘掉，把顶棚打开，结果车当天就被偷走了。而放在帕洛阿尔托的那一辆，一个星期也无人理睬。后来，辛巴杜用锤子把那辆车的玻璃敲了个大洞。结果仅过了几个小时，车辆便消失不见。以这项实验为基础，政治学家威尔逊和犯罪学家凯琳提出了破窗效应。他们认为：如果有人打坏了一幢建筑物的窗户玻璃，而这扇窗户又得不到及时的维修，就会有人受到此暗示去打破更多的窗户。受此群体心理的暗示而激发人不约而同地去做出破坏性的行为的现象就是破窗效应。

破窗效应在案例中的体现

该案例中学校和辅导员的做法便是预防破窗效应的方法之一。小 L 本性不坏，碍于情面帮人代考，犯下错误。但在学校管理中，若"舞弊""代考"不良现象无法有效制止，个别犯错学生又没有得到应有的处罚，那么就会有越来越多学生放松平时学习，通过"捷径"获取成绩。久而久之，学生是非分辩能力下降，互相效尤，坏风气、坏思想、坏习惯就会乘虚而入，影响正常班风、校风，从而造成难以控制的结果。问题的出现就如同汽车的"破窗"，如果得不到及时有效的处理，洞就会越来越大、越来越多，情况就会越来越糟。学校严格给予纪律处分、辅导员有效进行批评教育，正是认识到了破窗效应的危害，及时"堵洞"，起到了防微杜渐的作用。同时，辅导员也没有放弃对学生的关心、关爱与鼓励，帮助学生进一步调整状态、树立信心、成功改正。

工作思考和建议

破窗效应在高校教育管理工作中普遍存在，考试、寝室卫生、课堂纪律、学习习惯、班风形成等均是容易发生破窗效应的方面，任何一种不良现象的存在，都是在传递着一种信息。作为高校教育管理工作者，在工作中必须高度警觉看起来偶然的、个别的、轻微的"过错"，如若对不良行为不闻不问、熟视无睹、反应迟钝或纠正不力，就会纵容更多的学生"去打破更多的窗户玻璃"，极有可能演变成"千里之堤，溃于蚁穴"的恶果。对于破窗效应的防范，可以从以下三方面着手：

1. 制定规章制度，有效预防"破窗"

古语说："篱牢犬不入"，只有用严格的规章制度来扎紧学生管理这道篱笆，才能有效防止错误思想、不良风气的侵袭、滋长和蔓延。在学生教育管理中，各种第一次产生的辐射效应是无穷的。因此，高校教育管理工作者应严格要求，提前制定严密的规章制度。在制定过程中，要结合实际，确保制度的有用、实用和管用，逐渐将规章制度外化为学生日常行为，防止"窗破"。

2. 健全朋辈队伍，善于发现"破窗"

打造一支全面、可靠的学生干部队伍，在日常工作中加强排查，注意细节，及时把握可能、即将发生的问题，将问题浇灭在苗头上。对于维护"窗户"的同学应该及时表扬，积极宣传"正能量"。

3. 批评鼓励双行，及时修补"破窗"

对于学生中的违纪现象和行为，要及时制止与管理。过程中要注意严肃认真、一针见血、迅速彻底，切不可听之任之，草草了事，防止"破窗"扩大。同时，对于犯错改正的学生，应适当加以表扬，促进错误的快速改正和良好风气的形成。

团队效应

——群体驱动下的改变

　　春季学期刚开始，辅导员李老师担任了一个"特殊"的艺术类班级的班主任。这个班级人数不多，只有 28 名学生，绝大部分学生的学习、生活习惯都很差，沉溺网络游戏的也不少。这些不好的现象导致整个班级氛围很不好，在同学们之间流传着一股"颓丧之气"，混文凭的心态比较普遍。

　　这些状况对于一位没有丰富工作经验的年轻老师来说，确实是件非常棘手的事情。如何才能有效地引导学生走上正常的学习轨道呢？李老师觉得必须深入学生中才能找到答案。于是，他制定了一个全天候跟学生"混"在一起的计划，包括与学生同吃食堂、勤下寝室、与每位学生谈心谈话、与班级"意见领袖"做朋友等。经过一个学期的深入观察、了解，李老师大致了解了症结所在：班上大部分学生都属于高考的"失利者"，他们在高中时因为学习成绩较差常常遭到老师和家长的责骂，自信心严重缺失，厌学情绪十分严重，逃课到校外去与社会人员的交往成为他们疏解压力的"出口"。在频繁地与社会人员交往过程中，他们沾染了许多不良习性。

　　如何让他们"洗心革面"？这成了李老师每天都在思考的问题。

　　李老师尝试鼓励学生们参加各种有益的集体活动，通过磨炼他们的意志，培养他们的集体荣誉感，以淡化个人不良习惯的消极影响。在一个骄阳似火的下午，经过前期的认真组织和悉心指导，他所带班级的篮球队冲进了全校学生篮球赛决赛。最后一场的对手已经蝉联三届冠军，但同学们并没有畏惧情绪，双方比分始终成一种胶着状态，但最后还是以一分之差与冠军失之交臂。面对这样的结果，平时活蹦乱跳的学生们都流下了伤心的泪水。李老师在安抚好参赛学生的情绪后，还请同学们吃了一顿饭，让同学们在热闹、放松的状态下畅聊心声。就这样，一场球赛、一顿饭，同学们的斗志、团结进取的精神被激活了，师生之间、同学之间的心被拉近了。

此后，这些感人的瞬间更多了：师生一起上自习、一起骑着自行车春游、一起吃月饼赏明月……白驹过隙，转眼间，同学们到了大三，针对就业压力和社会对艺术生的需求现状，李老师又思考如何帮助同学们实现全员高质量就业。经过长期的就业市场考察和对学生素质能力的分析，班上同学共同出资成立了装饰公司，为他们的实践锻炼搭建"真刀真枪"的平台。公司虽然在成立之初遇到了很多的困难，但是在大家的共同努力和李老师的帮助下，公司得到了很大发展，运营状况越来越好，公司也慢慢积累了一些资金。同学们在得到实践锻炼的同时也减轻了家庭的经济负担，班级活动开展起来也越来越顺畅，凝聚力大幅提升。

经过大学几年的共同努力，班上所有同学都有了一个好的出路，有5名同学成功升入本科院校，3名同学考取选调生，其余同学都找到了自己满意的工作。班级100%的就业率成为学校的典型，不少主流媒体对他们的事迹进行了专题报道。

团队效应

为了团队荣誉与利益，增强个体的心理与生理承受能力的效应即团队效应。

为便于理解这一效应，我们先看如下实验：某心理教师组织了60名女生志愿者，并以30人一组将她们分成两组，编号为A组和B组。她对A、B两组女生说："这是一个关于疼痛忍耐限度的实验，实验前后要各测一次血压。"

第一次疼痛实验测过血压后，双方反应都很一般。在等待第二次实验时，实验者有意无意地对 A 组女生说："你们知道吗？你们不像 B 组女生那样能承受那么多的痛苦。"转而又对 B 组女生说："你们知道吗？你们不像 A 组女生那样能承受那么多的痛苦。"

在第二次、第三次……疼痛实验中，两组女生都承受了比上次大得多的痛苦，有几个女生身上甚至都起了紫斑！然而，竟无一人叫苦。

这个效应是什么心理致成的呢？正是团队的荣誉感。两组女生都不约而同地为了维护团队的声誉不受到破坏而甘愿忍受痛苦。实验证明，如果可能因为个人而使团队的声誉受到更大的损害，个人的团队认同感会越强，忍受痛苦的限度也会越高。

团队效应在案例中的体现

学生工作并不简单，但也有章可循，需要的是在既定传统教育模式上结合工作实际问题加以创新。本案例中的李老师在对这个散漫班级的重新塑造的过程中，主要抓住了团队凝聚力给个体带来的压力和内驱力，进而加以合理利用，形成个体与团体相互提升的有效循环。

为此，他首先通过融入班级，获取在班级的认同和话语权的方式来掌握主动权。他几乎做到了与同学们同吃、同学习、同活动，慢慢深入学生的心灵，找到导致班级状态不佳的症结在于学生高中阶段受到的创伤。李老师先从为同学们集体"疗伤"开始，不是以一个高高在上的老师身份进行说教，而是以平等的姿态，走进学生的内心，以换取学生对他的接受和认同。

其次，对症下药。他开了一系列的"处方"，如鼓励学生参加学校的篮球比赛、组织全班集体出游、和学生一起过中秋节等，增进了同学们的相互了解，升华了同学之间的友谊。由于同学们的心扉敞开了，对学校的教育管理也不那么抵抗了，重拾学习的兴趣，纷纷把精力用在了专业技能学习和为班级争夺荣誉上。这时，李老师成为班级同学的主心骨，同学们凡事都想找李老师沟通、商量。甚至有同学私下里说，一天不见李老师，就感觉心里空落落的。

最后，发挥团队效应，帮助学生高质量就业。在李老师的指导下，学生们自己筹资开办了一家能发挥专业特长的公司，提供了一个锻炼的大舞台。在老师和学生的通力合作下，这家承载着他们美丽梦想的公司也走上了正常的运营轨道，学生们作为公司的首批员工，专业能力和综合素质得到了全面提高，为之后的发展打下了良好的基础。

工作思考和建议

高职专科学生的教育培养相比本科学生更为不易。因为他们中有不爱学习者，有行为习惯不好者，有高考失利者，有受过心理创伤者等。这些个体的存在容易导致班级像一盘散沙，"颓丧之气"盛行。本案例中李老师善于运用团队效应，成功破解了这一难题，他采用的具体手段看似简单，但要得到成员的接受和认同并不容易。首先，最基础也是最重要的因素是爱心和耐心；其次，遇到困难要善于找准方法，当好学生的知心朋友和人生导师；最后，要科学谋划，将思想教育与实际问题结合起来，在为学生解决问题的过程中帮助学生成长成才。

去个性化效应

——创造一个可以融入的群体

　　小霞暑假没有回家，在学校找了一份兼职。她住在五楼，放暑假后，宿舍只有她一个人，整栋楼也只有 20 多位同学留校住宿。

　　暑假过了两个星期后，小霞所在的宿舍发生了一件奇怪的事。有一天，大概凌晨两三点时，小霞听见有人在开她宿舍门的锁，可是舍友们都要开学才会回学校。会是谁呢？她感到非常害怕，庆幸自己睡前把门反锁了。第二天晚上，小霞故意没有睡着。同样是凌晨两三点的样子，又有人来开锁了，小霞叫醒事先约好在宿舍陪她的小田一起打开门，准备看个究竟，可那人跑得太快了，根本没看到人影。于是，她们决定把这一情况向楼管反映，楼管说也有其他几位同学反映了这种情况，而且还有同学丢了东西。

　　难道是同楼栋的同学所为？消息很快在整个楼栋同学中流传开来。当天晚上，等宿舍大门关了以后，楼管召集所有留宿同学在活动室开会，楼管向大家通报了事情的经过，并拿出《本科生手册》给大家宣讲相关管理规定，暗示做出这样的行为的同学在会后主动承认错误，否则会将情况上报学校，严格按规定处理。但是，所有人都保持沉默。

　　这时，小霞提了一个建议，她认为在公开场合处理这件事有点不妥，希望大家再给这位同学一次机会，让其在大家都不知情的情况下把钥匙交出来。她提议，先各自回宿舍，希望该同学把钥匙带过来，然后大家再集合，拉上活动室的窗帘，关上灯，在一片漆黑、谁也看不到谁的情况下，请其把钥匙扔在地板中间。大家按这个建议执行后，过了两分钟钥匙还没有出现。楼管施压说："这是最后一次机会了，请好好考虑。"全体沉默了大概一分钟后，一串钥匙终于出现了。

去个性化效应

俗话说："人多胆子壮，恃众好逞强。"群体去个性化是社会心理学的一个术语，是指个体淹没在群体之中，减弱了社会对其的约束力，为个体从事反常的行为创造了条件。

心理学家津巴多试图发现摆脱正常社会约束和从事极端否定的行为的去个性化是如何产生的，也就是说，为什么一些平时看起来很老实的人，在一群疯狂的人当中也会变得疯狂。为此，他做了一个有趣的电击实验。他召集了一些女大学生作为被试，告诉她们实验要求大家对隔壁一个女大学生进行电击，不需要负任何道义上的责任，完全是为了科学实验的需要。通过镜子，被试们可以看到那个被自己电击的女大学生。实际上这个女大学生是津巴的助手，她并没有真正受到电击。但当被试按下电钮时，她假装大喊大叫，流泪求饶，以使那些作为被试的女大学生们相信，她真的非常痛苦。

实验开始后，所有被试分为两组。第一组被试穿上了带头罩的白大褂，每个人只露出了两只眼睛，因而彼此不认识。主持人请她们实施电击时也不叫她们的名字，整个实验在昏暗中进行。这种情景被津巴多称为"去个性化的条件"。第二组被试穿着平常的衣服，每个人胸前都有一张名片挂着。在实验时，主持人很有礼貌地喊着每个人的名字。房间里的照明很好，每个人彼此都能看得很清楚。这一情景称为"个性化"。实验证明：在去个性化条件下的被试与在个性化条件下的被试相比在按电钮时表现出较少的约束。去个性化小组比个性化小组按电钮的次数多达将近两倍，并且每一次按下电钮的持续时间也较长。这就是群体中的去个性化现象。

去个性化效应在案例中的体现

本案例中的去个性化效应主要有如下体现:

1. 匿名

按照弗洛伊德自我结构论的阐释,当一个人在匿名状态下,超我的作用便非常小,自我相应地也丧失了强有力的约束力,而本我则显得异常活跃。因为没有人知道是我做的,不会影响我的名誉,不会和现实我的一切相联系,所以,此时追求快乐的本我更容易随心所欲。在身份不明确的群体中人们更容易失去自我意识、自我监控。在匿名状态下,个人的一切活动和行为都不被他人所感知,于是对自己行为的责任意识也就降低了,认为参加者人人有份,个体不必承担责任。由于压力少,没有内疚感,因此,个体对自己的行为就会失去控制,易做出反常的行为。由于黑灯匿名,不能识别身份,所以"她"最终才会交出钥匙。

2. 责任分散

一个人在单独行动时,往往是义不容辞地承担完全责任的。但在群体中,个人会感觉到行为是以整体的形式出现的,相应地,行为的责任也由群体共同承担,或者分散到每个成员的身上,单个人不会承担群体行为的全部后果。于是,个人在群体中就不像单个人时那样有责任感了。上述案例正是由于处在一个群体中,自然也感觉不需要为此事负全部责任。

3. 群体的湮没性

在群体中,成员的活动往往并不是以个人的身份出现的,有群体意义,群体就湮没了个体,成员的自我被融化在群体中,与群体统一起来。于是,自我意识和评价丧失,个人的自我认同被群体行动与目标认同所取代,个体难以意识到自己的价值与行为,自制力变得极低,导致人们加入重复的、冲动的、情绪化的甚至是破坏性的行动中去。而且群体成员越是没有个性特征,他们的思想、情绪和活动越是一致,从而行为也越缺乏自我控制。

工作思考和建议

去个性化效应对个体行为的影响是双重的。一方面，去个性化的消极影响是十分明显的，如：自我控制水平下降，自我评价能力降低，羞辱感淡化，攻击、漫骂、违规等行为增加。另一方面也有积极影响：利他行为增加，如社会助人行为在网络世界比现实世界更容易发生，能助推个体不断实现自我超越。这是因为网络提供了一个突破和超越现实社会种种局限和束缚的人性化生存空间，人们在其中可以自由地呈现和塑造自我。

作为高校教育管理工作者，我们要合理地理解去个性化效应对学生行为的影响，学会正反两用：

一是将去个性化作为一种宽容的艺术。比如，像案例中一样，通过设置匿名的情境给行为出现偏差的学生改过自新的机会；创造匿名的机会，让学生充分表达自己的意见；引导较内向的学生多参加一些集体活动，展示自己的另一面。

二是要注意在学生管理特别是班级管理中，尽量减少去个性化的程度，让所有学生都清楚相关规章制度，明白各自应该承担的责任，使每个人都承担自己的责任。

手表定理

——制定可操作化的标准

靳老师是某高校建筑学院本科大二年级的辅导员,同时兼任学院的创新创业教育专干,具体负责组织学生创新创业项目的申报、评审等工作。

靳老师所在高校在全国率先全面开展大学生创新创业教育,构建了完整的工作体系,建立了大学生创新创业园,成立了专门的行政机构,建立了创新创业教育教研室,组编了统一的教材,开设了必修课程。在一体化推进的过程中,学生的创新创业意识得到显著增强。在国家级的赛事中,该校学生获奖颇多,很多学生也因此而萌发投身科研的意识,选择继续深造,开展科技创新。学校因此成为全国大学生创新创业教育典型高校,形成了良好的生态。

然而,在具体的创新创业教育与实践中,却存在学校顶层很重视、学生总体成绩很突出、个别二级学院机制不畅通的"中梗阻"。按照学校的体制机制设计,创新创业教育属于教务部门的职责,对应的是二级学院分管教学工作的副院长负责,具体责任人是学院的教务员。但是,建筑学院以教务员年纪大且不直接带学生为由把这项工作分配到了辅导员靳老师身上。因为专干由辅导员担任,到上一级,这项工作又成了分管学生工作副书记的职责之一。由此,靳老师的创新创业教育工作有两位直接领导,经常同时接到两位领导的指令。

而且，他还面临着更大的困难，那就是两位领导的意见经常不一致。对学院党委副书记而言，创新创业教育更重要的是教育，通过以赛促学、以赛促训，激发学生的创新创业意识，不在乎学生获得多少立项、得了多少大奖。为此，学院党委副书记要求靳老师把创新创业教育作为全年工作来抓，而不仅仅是在项目申报前后搞突击。同时，他还要求靳老师广泛发动各班级积极参与，力争每个班级都有申报项目、比赛团队，每个非毕业年级学生都参与。对于分管教学的副院长而言，他更加看重本学科的相关竞赛，认为广泛发动学生参与，针对性不强，也容易浪费学生的学习时间，要求靳老师有重点地去发掘、培育团队，多跟教学科研老师合作，共同做好这项工作。然而，靳老师并不是本学院毕业的学生，跟教学科研老师不熟，况且，老师们都很忙，学院又没有激励措施，老师们的参与热情很低。一开学生工作例会，学院党委副书记就提要求，对学生参与度不够表示不满；一到申报项目的时间，分管教学的领导就找靳老师谈话，表示一定要拿多少奖项。自从接手这项工作以来，靳老师一直感到非常苦恼，创新创业教育工作到底该怎么抓？这项工作到底该听谁的？

手表定理

两块手表，经过一段时间的运转，时间很难再同步。当一个人有一只表时，可以知道现在是几点钟，而当他同时拥有两只表时却往往无法确定时间。两只手表并不能告诉一个人更准确的时间，反而会让看表的人失去对准确时间的信心。有的人的做法是选择其中较信赖的一只，尽力校准它，并以此作为时间的标准，听从它的指引行事。这种现象描述的就是心理学中的手表定理。如果让你站在同时出发但是方向相反的两条船上，你会做出什么选择呢？你必须在短时间内选择其中的一条并稳稳地站在上面，否则你将会陷入混乱不堪的境地。正因为会产生这样的后果，手表定理也叫混乱定理。

手表定理在案例中的体现

案例中，靳老师抓学院创新创业教育工作所带来的费力不讨好的后果主要出于以下几个原因：

1. 学院工作机制没有理顺

多头领导是一种由于组织结构设置不合理导致一个下级同时接受多个上级领导的现象。令出多门就是命令来自不同部门，命令不统一，致使命令执行起来难度大。学院并没有明确创新创业教育工作到底归教务部门还是学生工作部门牵头负责，而且两位领导工作理念不一样、沟通交流少，出现多头管理、令出多门的现象，导致靳老师无所适从，不好开展工作。

2. 辅导员工作方法有值得改进的地方

立德树人，全员有责。要做好学生创新创业教育，势必要凝聚全员育人的合力，汇集一切可以汇集的资源，激发学生的创新创业意识。有更多的领导来关心这项工作是好事，但在具体工作职责上，必须一人为主，其他人协助。在学院对这项工作分管领导不明确且工作理念不一致的情况下，靳老师应该主动向学院主要领导汇报，提出解决问题的方案。靳老师不是主动破解难题，而是自己默默承担，只会使得工作越来越被动。

工作思考和建议

如果每个人都"选择你所爱，爱你所选择"，那么无论成败都可以心安理得。然而，日常工作、生活中，很多人会被不同的意见左右，被"两只手表"弄得无所适从，进而带来认知上的困扰。为避免因认知困扰而带来学生教育管理工作上的阻碍，应注意如下几个方面：

第一，任何一个单位都应优化组织结构设置，明确工作岗位职责，做到既分工又合作，在明确分工的基础上加强合作，避免多头管理和令出多门。二级学院作为具体的大学生教育管理组织，要充分发挥好党政联席会、教授委员会、教学委员会等组织的功能，优化工作流程，明确岗位职责，确保让人人有事干、事事有人干，加强学院教学科研、管理服务资源的整合，形成"三全育人"合力。

第二，学院党政领导班子要充分考虑教学科研、管理服务、学生工作人员的能力、特长、工作任务，做到合理分工，涉及交叉工作，要考虑下属的承受能力，避免交叉重叠、多头领导，进而影响工作的具体推进。

第三，辅导员要学会科学的工作方法，既要善于做好学生的思想政治工作，也要学会科学的行政管理思维和执行能力，遇到问题，及时向领导汇报，积极寻求帮助；既要做好份内工作，也要善于跟辅导员同事和教学科研、管理服务人员合作和沟通，避免不必要的误会。

第四，因为一个学院有多位辅导员，因此，辅导员在给学生干部安排工作时，要充分考虑工作的性质和职责划分，避免令出多门，出现手表定理，让学生干部无所适从。

水桶效应

——补齐班级的短板

开学伊始，学校粉末冶金专业迎来了 110 名朝气蓬勃的"大孩子"。入学报到时间非常紧凑，报到当天下午同学们就将开始身体的考验和毅力的磨炼——军训。辅导员张老师全程参与新生军训，以尽快熟知学生，并将学校的教育、管理要求，行为规范落实到位，以帮助同学们能快速适应大学生活。

军训第二天，张老师收到一位身材高大且有些肥胖的男生的请假条。该男生在请假条里说，"张老师，我想请假，我的脚有伤，坚持不了"。经了解，请假男生李某来自沿海城市，家庭经济条件优越，且是独生子。张老师基于多年工作经验，预感李某吃不了苦头。在李某的软磨硬泡下，张老师勉强同意他每天跟训，但要求他在跟训期间做好后勤服务，伤情好转就立即归队训练。然而，当其他同学在训练的时候，他却穿着拖鞋非常惬意地坐在树荫下，很明显是在偷懒。

第二天中途休息时，教官告诉张老师李某在操场抽烟，给队列形象带来很大的负面影响，导致军训中期考核分数很低。为此，全班同学都埋怨李某。入学报到期间，张老师多次强调学校明文规定禁止在公共场所吸烟，而他却明知故犯。

军训结束开始上课后，李某的不良行为并没有收敛。他所在班级各方面情况都良好，但就是李某在出勤、纪律、寝室卫生等方面表现不佳，导致班级评比老是处在下游。对此，同学们颇有微词。一天，张老师接到举报，说有同学在宿舍煮火锅。得知这个消息后，张老师立刻找到了该寝室担任班干部的同学了解情况，证实是李某所为。李某还与同寝室的其他两位同学一起违规使用电器，该生劝说过他们，但他们依然我行我素。

针对这一情况，张老师也开始采取措施，希望能够使李某"悬崖勒马"。当前的首要任务是要改变同学们对李某不好的刻板印象，发掘他身上的闪光点，让他重拾过好四年大学生活的信心。张老师在一次偶然的机会中发现李某文笔很好，在一次季度心得总结会议上，他借机在全班同学面前朗读李某的文章。其他同学的文章一般都是写对学校的深情厚谊，而李某自然清新的文字中描述的却是自己的散漫与老师的责任感形成的鲜明对比。全班同学都被他幽默的文字所折服并报以热烈的掌声。自那以后，李某开始赢得了大家的肯定。趁热打铁，张老师逐渐加强了与李某的交流联系，时常与之聊天谈心，了解到他入大学后的不良行为源于他高中时的叛逆，他反感规章制度的约束，觉得大学应该是绝对自由的，而现实中的大学与他理想中的大学不一样。

张老师耐心劝慰他，学校严要求是出于对学生的负责，希望同学们能够养成好的习惯，掌握过硬本领，为国家和社会做出贡献。经过几次谈心谈话，李某感受到来自张老师的关心和尊重，而不是像高中那样，一味地被管控和批评。慢慢地，他的心结终于解开了。张老师也给李某提供了一些锻炼的机会，希望李某的才华能够得到施展。李某也不负老师期望，在学校征文比赛中多次获奖，而且还竞选上了院学生会学术实践部部长。经过李某的努力，整个班级的综合评分也上去了，班级总算是拧成了一股绳。

在教育管理过程中，我们会发现，每个学生都有自己的闪光点，关键在于教育管理工作者是否善于发现，并因势利导。当李某所在班级整体发展面临困境时，张老师看到了李某这块"短木板"的潜质，帮助他由"短木板"变成了"长木板"，进而改变了班级的整体面貌。

水桶效应

水桶效应是指一只水桶想盛满水，必须每块木板都一样平齐且无破损。如果这只桶的木板中有一块不齐或者某块木板下面有破洞，这只桶就无法盛满水。意思是说，一只水桶能盛多少水，并不取决于最长的那块木板，而是取决于最短的那块木板。所以，水桶效应也可称为短板效应。

水桶效应是由美国管理学家劳伦斯·彼得提出的。这一效应揭示，决定水桶盛水量多少的关键因素不是其最长的板块，而是其最短的板块。这就是说，任何一个组织都可能面临一个共同问题，即构成组织的各个部分往往是优劣不齐的，而劣势部分往往决定整个组织的水平。若仅仅作为一个形象的比喻，水桶效应可谓是极为巧妙和别致的。但随着它被应用得越来越频繁，应用场合及范围也越来越广泛，它已基本由一个简单的比喻上升到了理论的高度。由许多块木板组成的"水桶"不仅可以象征一个企业、一个部门、一个班组，也可以象征某个员工，而"水桶"的最大容量则象征着整体的实力和竞争力。管理一个群体，不论是企业、团队，还是班级，"抓两头带中间"，即重点抓好的带头人和"害群之马"，是最基本的管理技巧，而抓"差的人"就是防止水桶效应给组织和个人带来负面影响。

水桶效应在案例中的体现

水桶效应在本案例中得到了充分的体现。主人翁李某就是班级"水桶"那块最短的木板，因为李某初入大学时的肆意妄为、自由散漫，影响了整个班级的发展。后来，经过辅导员的"补短板"工作，李某的"短板"在老师的暗示、引导下神奇地"变长"了，使得班级这个"水桶"终于达到了最优的状态。

李某成为班级的"短木板"并非其自身的素质、能力天生不行，而是因为现实与他理想中的大学生活的差距产生的失落感，使得他故意隐藏自己的能力素质，将不良的学习生活习性放大展现在同学和老师面前，这是典型的对现实逃避的心态。

为改变这种状况，辅导员从个人与班级的关系处理着手，找准切入点，先补齐李某的"短板"。为此，张老师采取了"三步走"战略：第一步，寻找李某这块"短木板"潜在的长处，为他今后的长足进步提供坚实的基础。张老师在偶然的情况下知晓了李某的写作才能，为此，找了个机会让李某的写作才能在全班面前展现。一个微小的举动既让同学们了解到看似放荡不羁的他掩藏的过人之处，也让李某在激励中逐渐清醒地认识自己。第二步，找准李某因"短木板"心理而产生的自卑和对抗心理，通过班级同学主动对他表达善意、宽容、赏识的方式，引导他融入班级，构建良好的社会支持体系。第三步，通过向他推荐表现的舞台，使其重新体会到大学生活的丰富多彩，弥补原先极大的失落感，帮助其重新审视自己，认识到自己的潜质以及可以为班集体所做的贡献，进而从一个"后进生"转变成了一个积极分子，也助推整个班级达到了更高的发展层次，使这块"短木板"变长后实现了与其他木板的真正融合。

工作思考和建议

班级管理是一个系统工程，我们在拥有全局视野的同时也要关注单个成员的发展，因为班级就如一个水桶一样，班级战斗力、凝聚力的强弱很大程度上取决于最短的那块木板——即班级成员中的"后进生"。传统的教育理念中，容易采取管控、忽视的方式教育这类学生，导致其慢慢成为"边缘人"。这不仅对班级整体建设不利，而且对这类学生也没有起到"一个都不能少"的效果，有违"有教无类"的教育公平。所以，在高等教育大众化的发展趋势下，补齐"短板"越发能体现教育管理工作者立德树人的能力和水平。

当然，对于教育管理过程中的水桶效应，我们不能仅局限在"短板"上，对当代大学生身上的新特点的认识也要与时俱进。因为，一个水桶的储水量，还取决于水桶底面的面积，即班级展现的平台大小对班级的学风、班风起着关键的作用。这也启发我们将学生放置合适的发展位置对于班级整体水平的提高有重大意义。

所以，对于教育管理工作者而言，要规避水桶效应的负面影响，不仅只是将"短板"补齐、变长，更要有科学的理念、思路、举措让整个班级有较强的凝聚力和内驱力，通过共同体的驱动带动每个成员的成长。

主要参考文献

[1] 刘儒德.教育中的心理效应[M].2版.上海：华东师范大学出版社，2013.

[2] 刘儒德.班主任工作中的心理效应[M].北京：中国轻工业出版社，2012.

[3] 墨羽.受益一生的心理学效应[M].北京：中国商业出版社，2019.

[4] 关亚玮.那些准到没话说的心理效应[M].北京：民主与建设出版社，2017.

[5] 赵磊.心理效应与思想工作[M].上海：上海社会科学学院出版社，2018.

[6] 任顺元.心理效应学说[M].杭州：浙江大学出版社，2004.

[7] 李弘，宋佳宁.心理学的100个效应[M].长春：吉林教育出版社，2012.

[8] 杨连山.班主任巧用心理效应的85个案例[M].天津：天津教育出版社，2014.

[9] 贾洛川.心理效应与罪犯改造——罪犯改造须知的100个金科玉律[M].北京：中国法制出版社，2014.

[10] 莫源秋，卢奔芳.幼儿教育中的心理效应[M].北京：中国轻工业出版社，2017.

[11] 曲鹏宇.幼儿教师不可不知的66个儿童心理效应[M].长春：吉林大学出版社，2014.

[12] 汤笑.心理效应解读[M].北京：中国城市出版社，2004.

[13] 杨建峰.活学活用心理学[M].汕头：汕头大学出版社，2016.

[14] 李伟业.活学活用心理学[M].延边：延边大学出版社，2016.

[15] 教育部高校思想政治工作队伍培训研修中心(中南大学).高校学生思想政治工作百佳案例[M].长沙：中南大学出版社，2020.

[16] 徐天春，黄琳.筑梦引航　孕育芳华：大学生思想政治教育工作案例赏析[M].北京：中国文史出版社，2015.

[17] 黄军伟，许小东.大学生思想政治教育工作案例研究[M].南京：南京师范大学出版社，2012.

后　记

心理效应是指因为人的行为或某种外在因素的作用产生相应变化的因果反应或连锁反应，其后果包括积极和消极两个方面。心理效应在人们的日常生活中似乎耳熟能详，如马太效应、蝴蝶效应、首因效应，等等。但是，除此以外，还有很多心理效应并不为大众所熟知，其产生的消极后果和可以发挥的积极作用，也并未被大众注意。尤其是在大学生教育管理领域，准确发现、巧妙运用心理效应，往往能起到春风化雨、润物无声的效果。

出于以上考虑，编著者从 10 余年前开始，在大学生教育管理工作中关注发生在学生身边的心理效应，并收集、整理了 100 余个与大学生教育管理密切相关的心理效应。

10 余年过去，大学生群体的心理特征、行为方式和成长环境都发生了显著变化。党和国家对大学生成长成才也提出了新的要求和期待。尤其党的十八大以来，习近平总书记到高校考察多、给大学生回信多，勉励大学生要扣好人生的第一粒扣子，不负青春、不负韶华。这给高校大学生教育管理工作指明了方向，也提出了更高的要求。

为贯彻落实习近平总书记关于大学生成长成才的要求，顺应大学生思想、心理的变化，编者对原有心理效应进行了精选，对入选的每个心理效应和工作案例重新做了修订，并给每个效应加了一个副标题，便于读者理解。

　　本书的编著得到了中南大学党委副书记李景升教授、黄健陵教授，学生工作部蒋直平部长、汪平副部长等领导和同事的关心和指导。本书作为2019年湖南省高校思想政治工作骨干队伍建设项目（19GG14）、2021年度教育部人文社会科学研究青年基金项目"基于马克思主义空间哲学的网络意识形态安全治理研究"（21YJC710049）、2019年湖南省高校网络思想政治工作中心研究课题"马克思主义空间理论视域下网络安全治理模式研究"的成果之一，适用于高校教育管理工作者、辅导员、班导师做工作参考。本书的编著引用了刘儒德老师、汤笑老师等名家的理论研究成果，借鉴了不少同行的工作案例，马克思主义学院胡文根老师，资源与安全工程学院辅导员于谦、周婷、高梦幻、孙瀚等老师，土木工程学院杨宇雄等同学为本书的编著做了不少工作，中南大学出版社编辑杨贝老师为本书的出版付出了不少心血，在此一并感谢。

图书在版编目(CIP)数据

大学生教育管理中的心理效应 / 欧旭理，罗方禄编著. 一长沙：中南大学出版社，2021.10
ISBN 978-7-5487-4593-8

Ⅰ.①大… Ⅱ.①欧… ②罗… Ⅲ.①大学生－教育管理－研究②大学生－教育心理学－研究 Ⅳ.①G647 ②G444

中国版本图书馆 CIP 数据核字（2021）第 150424 号

大学生教育管理中的心理效应
DAXUESHENG JIAOYU GUANLI ZHONG DE XINLI XIAOYING

欧旭理　罗方禄　编著

□责任编辑　杨　贝
□责任印制　唐　曦
□出版发行　中南大学出版社
　　　　　　社址：长沙市麓山南路　　　　邮编：410083
　　　　　　发行科电话：0731-88876770　　传真：0731-88710482
□印　　装　长沙市宏发印刷有限公司

□开　　本　710 mm×1000 mm 1/16　□印张 13.25　□字数 201 千字
□版　　次　2021 年 10 月第 1 版　□印次 2021 年 10 月第 1 次印刷
□书　　号　ISBN 978-7-5487-4593-8
□定　　价　42.00 元

图书出现印装问题，请与经销商调换